跳绳

全民健身项目指导用书

张凤民　齐景龙 ◎ 主编

吉林出版集团股份有限公司　全国百佳图书出版单位

图书在版编目（CIP）数据

跳绳 / 张凤民, 齐景龙主编. -- 2版. -- 长春：吉林出版集团股份有限公司, 2010.2(2024.8重印)
全民健身项目指导用书
ISBN 978-7-5463-2320-6

Ⅰ. ①跳… Ⅱ. ①张… ②齐… Ⅲ. ①跳绳 – 基本知识 Ⅳ. ①G898.1

中国版本图书馆CIP数据核字(2010)第 028528 号

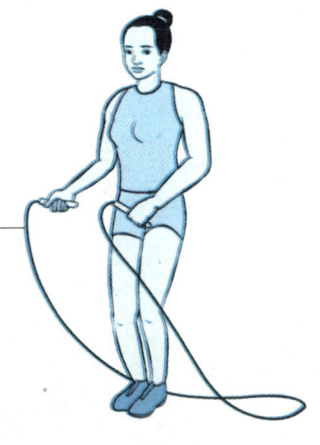

全民健身项目指导用书

跳 绳
TIAOSHENG

主　　编	张凤民　齐景龙	
责任编辑	黄　群　杜　琳	
封面设计	吕宜昌	
开　　本	650mm×960mm　1/16	
印　　张	6.5	
字　　数	30千	
版　　次	2010年2月第2版	
印　　次	2024年8月第4次印刷	
出版发行	吉林出版集团股份有限公司	
地　　址	吉林省长春市福祉大路5788号	
邮　　编	130000	
电　　话	0431-81629968	
电子邮箱	11915286@qq.com	
印　　刷	三河市金兆印刷装订有限公司	
书　　号	ISBN 978-7-5463-2320-6　　定　价　35.00元	

版权所有　翻印必究
如有印装质量问题，请寄本社退换

自1995年我国政府推出《全民健身计划纲要》以来,我国群众性体育活动蓬勃发展,取得了显著的成绩。2008年,举世瞩目的北京奥运会的成功举办,极大地激发了亿万人民群众的体育热情,增强了全社会的体育意识,营造了浓厚的全民健身氛围。面对这样的可喜局面,群众体育科研、教学工作者应义不容辞地为社会实践服务,从不同角度思考,如何使普通百姓通过简而易行的身体锻炼方式、方法和手段达到良好的健身效果,达到拥有健康的目标,从而享受生活、享受快乐人生。该书系就是在这样的思想指导下诞生的。

本书系能够顺应国家体育的大政方针,掌握时代脉搏,对指导大众健身,使大众掌握健身方法和手段有很好的促进作用。

本书系图文并茂,实用性强,分为球类运动、体操健身运动、传统武术、冰雪运动、水上运动、体育舞蹈、休闲运动、格斗运动、民间体育活动和极限运动等十大类项目,计100分册,按照统一的体例,力争有所创新。每册的具体内容为该项目的起源与发展、运动保健、基本技术、运动技巧、比赛规则等,使读者在学习过程中,不仅能够学会运动健身的方法,同时还能够学到保健方面的基本知识。

经国务院批准,自2009年起,将每年的8月8日定为"全民健身日"。《全民健身项目指导用书》的出版,必将为开展全民健身活动起到积极的推动和指导作用。

目录 CONTENTS

第一章 概述
第一节 起源与发展/002
第二节 场地、器材和装备/004

第三章 基本技术
第一节 正单摇跳/028
第二节 反单摇跳/041
第三节 正双摇跳/052

第二章 运动保健
第一节 自我身体评价/008
第二节 运动价值/012
第三节 运动保护/016

目录 CONTENTS

第四节 反双摇跳/063
第五节 基本技术组合/073
第六节 花式韵律跳法/078
第七节 长绳/083

第四章 比赛规则

第一节 比赛方法/090
第二节 裁判方法/094

第一章 概述

跳绳是一项在环摆的绳索中做各种跳跃动作的体育运动,同时也是一项老少皆宜的全身性有氧健身运动。

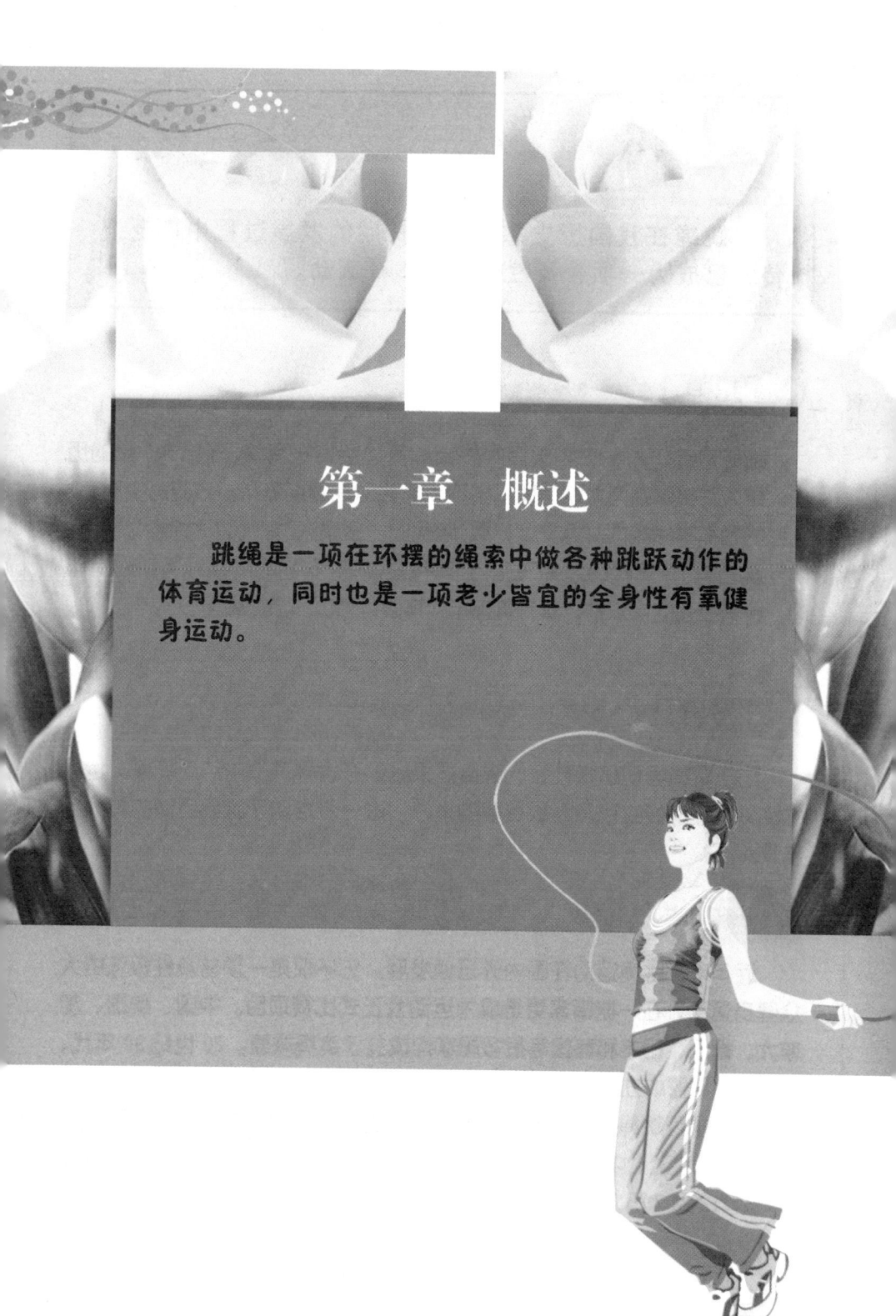

第一节 起源与发展

> 跳绳在我国历史悠久,在长期的发展过程中广泛流传,已成为一项普及性很强的体育运动。

跳绳运动作为一个中国民间传统体育项目,在我国已有1500年的历史。单人跳绳早在南北朝时即已出现,唐代时期逐渐流行。不同历史时期,跳绳的名称不尽相同。据文字记载:唐代叫"透索",宋代叫"跳索",明代叫"跳白索",清代叫"绳飞"。到清代逐渐盛行,当时的跳绳运动附有伴唱,具有很强的娱乐性,深受青少年的喜爱,所以一直流传至今。

由于跳绳运动趣味性强、健身效果好,在世界范围内广泛传播。世界性跳绳机构的设立以及各项赛事的举办,进一步推动了跳绳运动的传播与普及。

近年来,跳绳运动在国内外迅速发展。它不仅是一项普及性极强的大众健身运动,在一些国家更是成为运动会正式比赛项目。中国、美国、加拿大、德国、日本和韩国等很多国家均成立了跳绳联盟。20世纪90年代,国际跳绳联盟成立。

为了规范跳绳运动,国家体育总局社会体育中心组织相关专家于2007年10月审定了《中国跳绳竞赛规则》,使全国性跳绳比赛有了规则依据。2007年12月7日,广州举行了中国首届跳绳公开赛。

机构与赛事

机构

国际跳绳联盟(IRSF)成立于 20 世纪 90 年代。

赛事

(1)世界跳绳锦标赛，每 2 年一届；
(2)亚洲跳绳锦标赛，每 2 年一届；
(3)全国跳绳公开赛，2007 年首次举办。

发展趋势

国内趋势

跳绳运动作为一个有着悠久历史的民间体育项目，在我国具有深厚的群众基础，尤其在中小学生中广受欢迎。

跳绳运动可以是个人运动，也可以是团体运动。跳绳的学习方法简单，对场地、器材的要求不高，是最简便易行的健身运动方式之一。而且，跳绳运动适合大部分年龄层的群众，在未来具有广阔的发展空间。

国外趋势

目前，跳绳运动已成为一个世界性的体育竞技项目。世界跳绳运动的发展趋势是更注重编排，融入了诸如街舞、体操等元素，娱乐性更强。同时，国外的运动专家也非常推崇跳绳运动，因为从运动量上看，跳绳耗时少、耗能大，所以，能产生很好的锻炼效果。

第二节
场地、器材和装备

跳绳运动形式多样，具有很强的观赏性和艺术性。良好的场地、器材和装备能够保证跳绳运动者的安全，达到理想健身效果。

概述

一般性跳绳运动应该在平整的空地上进行，这样可以减少不必要的运动损伤。正式的跳绳比赛则应在正规的场地上进行。

规格

个人赛场地

（1）计时计数赛场地的规格为长 4 米，宽 4 米；
（2）花样赛场地的规格为长 9 米，宽 9 米。

团体赛场地

（1）计时计数赛场地的规格为长 5 米，宽 5 米；
（2）花样赛、表演赛场地的规格为长 12 米，宽 12 米。

要求

（1）场地四周至少有 3 米宽的无障碍区；
（2）场地上空（从地面向上）至少有 4 米的无障碍空间；
（3）场地的地面平整，无影响比赛的安全隐患；
（4）场地的界线宽 5 厘米（线宽不包括在场地内），应与场地颜色有明显区别；
（5）裁判区位于比赛场地周围 3 米处，距观众席至少 2 米。

 器材

日常的跳绳运动对绳具的要求不高,使用舒适即可。但在跳绳比赛中,应使用符合比赛要求的绳具。

 构造

绳具一般由绳和手柄构成。绳的长短、粗细、结构和重量不限,手柄的长短、粗细、颜色、形状、结构、材料和重量不限(见图1-2-1)。

图1-2-1

 要求

(1)比赛用绳的颜色应与服装和地板的颜色有明显反差;

(2)不得使用金属材料制作的绳具(手柄除外);

(3)比赛用绳不得带有安全隐患和影响裁判员判断的饰物。

 装备

平时进行跳绳运动时,穿着舒适即可。但在参加跳绳比赛时,所穿服装和鞋子应符合一定的要求。

 服装

(1)比赛服装的主要颜色应与比赛用绳有明显区别;

(2)比赛服装上不得带有不文雅的设计或字样;

(3)同队选手应穿着统一的比赛服装(鞋袜除外);

(4)不得佩戴妨碍比赛安全的饰物、挂件。

鞋子的颜色应与比赛用绳有明显区别。

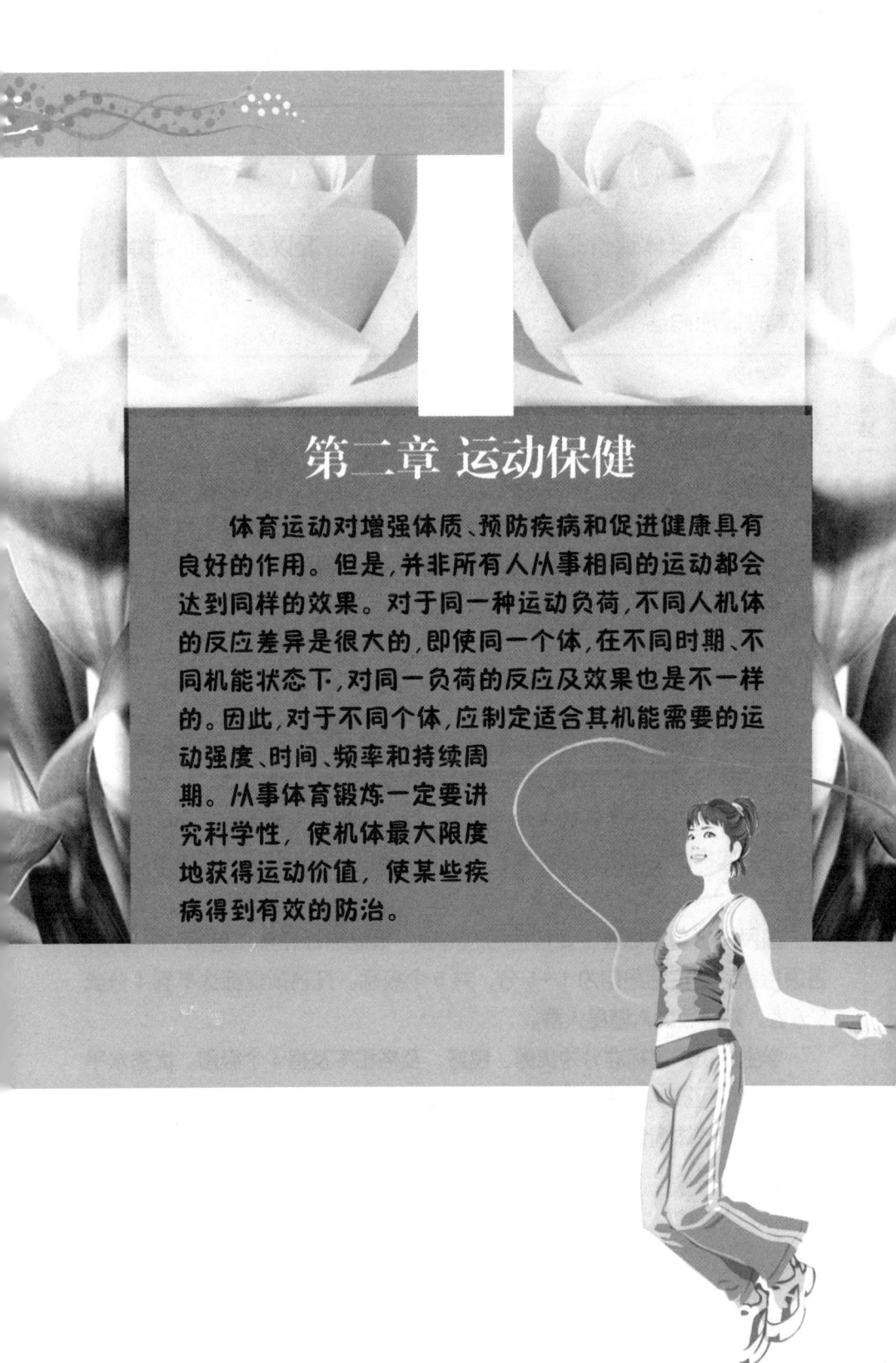

第二章 运动保健

体育运动对增强体质、预防疾病和促进健康具有良好的作用。但是,并非所有人从事相同的运动都会达到同样的效果。对于同一种运动负荷,不同人机体的反应差异是很大的,即使同一个体,在不同时期、不同机能状态下,对同一负荷的反应及效果也是不一样的。因此,对于不同个体,应制定适合其机能需要的运动强度、时间、频率和持续周期。从事体育锻炼一定要讲究科学性,使机体最大限度地获得运动价值,使某些疾病得到有效的防治。

第一节 自我身体评价

自我身体评价是指根据个体的不同情况以及简单的功能评定标准，对锻炼者进行身体评价，并以此为依据，确定具体的锻炼内容。

适宜人群

体适能是全身适应性的一部分，是人体精神和体力对现代生活的适应能力。为了促进健康，预防疾病，提高生活质量和工作学习效率，几乎所有人都可以追求健康的体适能，而且经过简单的评价和测试，均可以成为目标人群，即适宜人群。

健康体适能评价标准

健康体适能是指身体有足够的活力和精力处理日常事务，而不会感到过度疲劳，并且还有足够的精力去享受休闲活动和应对突发事件。

健康体适能是确定锻炼者是否为运动适宜人群的主要依据。目前的评价标准主要包括国民体质测定标准、学生体质测定标准和普通人群体育锻炼标准等。

国民体质测定标准主要包括形态指标、机能指标和素质指标3个部分，各项指标的测定结果均为1～5分，共5个级别。凡各项指标达不到4分或5分者，均应被纳入健身人群。

学生体质测定标准分为优秀、良好、及格和不及格4个级别。优秀水平以下者，均应被纳入健身人群。

普通人群体育锻炼标准分为5个级别，凡达不到4分或5分者，均应被纳入健身人群。

简易运动功能评定

简易运动功能评定的目的在于确定运动对象有无运动禁忌症或临时运动禁忌的情况,即是否适合参加体育锻炼,以达到防备万一,避免意外事故发生的目的。目前通行的方式是3分钟踏台阶测试。

目的

测试锻炼者运动后心率恢复的情况,以评估其心肺功能。

器材 见图2-1-1

30厘米高的长凳、节拍器、秒表和时钟。

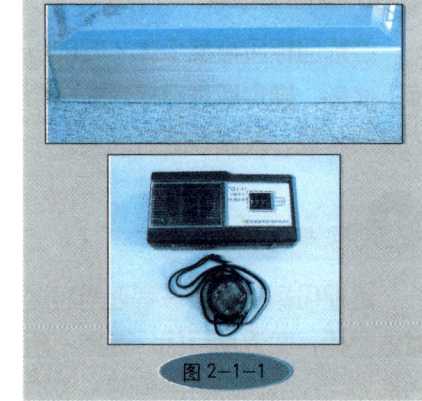

图2-1-1

步骤 见表2-1-1

(1)节拍器设定为每分钟96次,锻炼者依"上上下下"的节拍运动3分钟。

(2)锻炼者完成3分钟踏台阶后,5秒钟内开始测量其脉搏,时间为1分钟,记录其心率,并依据下表评价其功能水平。

(3)运动后心率越低,证明其心肺功能越好。在运动强度允许的范围内,锻炼者可选择运动强度的较高值来进行运动。

表2-1-1　3分钟台阶测试评价表

	年龄(岁)	欠佳(次)	尚可(次)	一般(次)	良好(次)	优异(次)
男士	18~25	>115	105~114	98~104	89~97	<88
	26~35	>117	107~116	98~106	89~97	<88
	36~45	>119	112~118	103~111	95~102	<94
	46~55	>122	116~121	104~115	97~103	<96
	56~65	>119	112~118	102~111	98~101	<97
	65+	>120	114~119	103~113	96~102	<95
女士	18~25	>125	117~124	107~116	98~106	<97
	26~35	>128	119~127	111~118	98~110	<97
	36~45	>128	118~127	110~117	102~109	<101
	46~55	>127	121~126	114~120	103~113	<102
	56~65	>128	118~127	112~117	104~111	<103
	65+	>128	122~127	115~121	101~114	<100

注意事项

如受试者经过努力仍无法完成测试，或出现头晕、胸闷、出冷汗等症状，应终止测试。运动中应特别考虑运动强度，以防出现意外。

锻炼目标应根据个体不同的身体状况来确定，可分为近期目标和远期目标。此外，确定锻炼目标还应结合锻炼者的运动意向、愿望和兴趣以及本人的健康状况、疾病程度等因素。

近期目标是指锻炼者近期应达到的目标。在进行运动之前，应首先明确锻炼目标，即近期目标。选择一两个健康体适能构成要素，作为未来两个月内努力完成的目标，而且应从成功概率较高的构成要素开始，并将预期两个月后要达到的目标做上记号，如提高某个或某些关节的活动幅度，增强某个肌肉群的力量等。

远期目标是指锻炼者最终要达到的目标。实践证明，经过科学合理的锻炼后，锻炼者是可以达到一般的远期目标的，如提高心肺功能，使其达到优秀的等级，或达到降血脂、防治高血压和冠心病的目的等。

运动负荷即运动量。怎样控制运动量，合适的运动时间是多少等，一直是人们争论不休的问题。但有一点是可以肯定的，那就是任何有关身体活动的意见和建议，都需要综合考虑锻炼者的身体状况和所要达到的目标，并以此为依据来制订科学的身体锻炼计划。

 运动强度

运动过程中,运动强度过小,达不到锻炼的效果;运动强度过大,不仅达不到最佳的锻炼效果,还可能产生一些副作用,甚至出现意外事故。确定运动强度有两种方法。

心率简易推测法

(1)年龄在 20 岁左右的年轻人,身体健康,能坚持体育锻炼,欲进一步提高身体机能,可取最大心率值(最大心率值=220-年龄)的 65%~85%。

(2)年龄在 45 岁以下,身体基本健康,有运动习惯者,开始进行健身锻炼,可取最大心率值的 65%~80%,没有运动习惯者,开始进行健身锻炼,可取最大心率值的 60%~75%。

(3)年龄在 45 岁以上,身体基本健康,有运动习惯者,开始进行健身锻炼,可取最大心率值的 60%~75%,没有运动习惯者,建议根据自身情况咨询专业人员来指导和确定运动强度。

主观感觉疲劳分级表推测法　见表 2-1-2

运动的疲劳程度大致分为 10 级,具体为:0~1 级,没感觉;2~3 级,尚轻松;4~5 级,稍累;6~7 级,累;8~9 级,很累;10 级,精疲力竭。因此,健身锻炼的运动强度应控制在主观感觉疲劳程度的 4~7 级。

表 2-1-2　主观感觉疲劳分级表

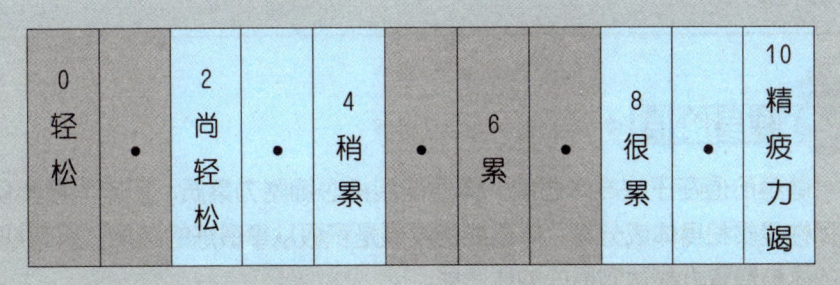

 运动频率

运动频率是指每日及每周锻炼的次数。一般每周锻炼 3～4 次，即隔日锻炼 1 次即可。有充足的休息时间，可使身体得到充分的休息，收到更好的锻炼效果。

 运动持续时间

运动强度和运动持续时间，决定了一次锻炼的运动量和热量消耗。运动持续时间与运动强度成反比，运动强度大，运动持续时间可相应缩短，运动强度小，则运动持续时间应相应延长。

一般的健身锻炼，运动持续时间以每天 20～60 分钟为宜，其中包括准备活动时间、健身锻炼时间和整理活动时间。每次健身锻炼应在 20 分钟以上，锻炼可一次性完成，也可分段进行，但每段的活动时间应在 10 分钟以上。

第二节 运动价值

运动价值一直是人们探讨的问题，一般认为运动具有两方面的价值，即健身价值和心理价值。身体和精神的健康是相互依存的，伴随着身体功能的改善，精神状况逐渐也能同时得到改善。

 **健身价值** ◆◆◆◆◆◆◆◆◆◆

健身价值在于提高体适能。体适能包括心肺耐力素质、肌肉力量素质、柔韧性素质和身体成分等。体适能的发展是积极从事锻炼的结果，只有规律性的体育锻炼才能达到最佳的体适能。

提高心肺耐力素质

心肺耐力是指全身肌肉进行长时间运动的持久能力,是体内心肺系统对身体各细胞的供氧能力。人体的心脏、肺、血管、血液等组织的功能是心肺耐力的基础,它们与氧气和营养物质的输送以及代谢物的清除有关。健全的心肺功能是健康的基本保证。

系统的体育锻炼,可以使心肌增厚,收缩力加强,心室容积增大,从而使心脏的泵血功能增强,表现为心血输出量增加。

系统的体育锻炼,呼吸系统机能也将得到提高,表现为呼吸肌的力量增强,肺活量、肺通气量明显增加,保证对机体供氧的能力。

系统的体育锻炼,可以促进血管系统的形态、机能和调节能力产生良好的适应力,从而提高机体的工作能力。

系统的体育锻炼,可以使血液系统产生某些适应性变化,如血容量增加、血黏度下降、红细胞膜弹性增强和红细胞变形能力增强等。

运动价值

 ## 提高肌肉力量素质

肌肉力量是指肌肉最大收缩产生的对抗阻力或负荷的能力。肌肉力量只有达到一定的程度,才能克服外界阻力,而克服外界阻力是维持日常生活自理、从事各种劳动和运动的必要前提。

系统的体育锻炼,可以提高肌肉的生理横断面积,可以改善神经系统对肌肉收缩的支配功能,还可以提高肌肉内代谢物质的储备量,使肌肉力量得到提高。

 ## 提高柔韧性素质

柔韧性是指人体各关节的活动幅度,即关节的肌肉、肌腱和韧带等软组织的伸展能力。柔韧性对于保证正常生活质量、维持正常体态、预防损伤发生和减轻损伤程度等方面均起到至关重要的作用。

系统的体育锻炼,还可以延缓因年龄因素而导致的柔韧性下降,预防因缺乏运动而导致的关节结构、周围软组织和膝关节肌肉退化,从而使锻炼者的日常生活、劳动和运动等更加充满活力。

改善身体成分

身体成分是指人体体重中的脂肪组织和去脂组织的重量百分比。身体成分中的脂肪成分增加，肌肉成分必然下降。身体中不具备收缩功能的脂肪组织增加，必然导致身体进行各种活动的能力下降，基础代谢水平降低，肥胖症、冠心病、高血压、糖尿病、高血脂等慢性疾病发病率的提高。因此，身体成分是保证人体健康的重要内容之一。

通过系统的体育锻炼，随着锻炼者体质的增强，热量消耗便随之增加，进而燃烧掉体内多余的脂肪，使身体成分得到改善。而身体成分的改善，又可以减少体重对关节可能带来的不利影响，还可以使肥胖者的心理状况得到改善，增强其自信心，使其逐步建立起健康的生活方式。

心理价值

研究证明，有规律的体育锻炼不但可以使锻炼者增强体质、促进身体健康、预防一些慢性疾病，还可以提高锻炼者的生活满意度和生活质量，对其心理健康产生积极影响。

体育锻炼的心理健康效应主要表现在六个方面：

改善情绪状态

短期效应

研究发现，体育锻炼对人的情绪状态具有显著的短期效应。运动后人们的焦虑、抑郁、紧张和心理紊乱等症状会明显减轻，而精力和愉快程度则会明显增强。而且这种情绪的迅速变化，与锻炼者个体的健康状况、活动形式和活动强度等有着直接的联系。

长期效应

体育锻炼对人情绪的长期效应有着直接的影响，与不锻炼者相比，有规律的锻炼者在较长时期内很少会产生焦虑、抑郁、紧张和心理紊乱等情绪。

完善个性行为特征　见表 2-2-1

人们的行为特征一般可以分为两种类型，用 A 型行为特征和 B 型行为特征来表示。A 型行为特征主要表现为性情急躁、争强好胜、容易激动、整天忙碌和做事效率高等。B 型行为特征主要表现为不好竞争、不易紧张、不赶时间、对人随和、喜欢自由自在等。具有 A 型行为特征的人由于过度紧张的情绪反应，会引起内分泌失调，增加心脏病发病的概率。目前的一些研究主要集中在体育锻炼对改变 A 型行为特征的作用方面。研究结果表明，有规律的体育锻炼能明显改变 A 型行为特征。

　A、B 型个性行为特征常见表现

A 型行为特征者常见表现	B 型行为特征者常见表现
约会从来不迟到	对约会很随便
竞争意识很强	竞争意识不强
别人要讲话时总爱抢先或插话	是别人讲话时很好的听众
总是匆匆忙忙	即使有压力也从不匆忙
等待时缺乏耐心	能够耐心等待
干事时全力以赴	处事漫不经心
同时想干很多事	在一段时间里只干一件事情
讲话喜欢用加强语气，甚至敲桌子	讲话语速缓慢、不慌不忙
做了好事希望能得到别人的认可	只要自己满意即可，不管别人怎样想
吃饭、走路都很快	做事情很慢
不善与人相处	为人随和
容易暴露自己的感情	能控制自己的感情
具有广泛的兴趣	没什么业余爱好
雄心壮志	满足于目前的工作和学习状况

 确立良好自我概念

自我概念是指个体对自己身体、思想和情感的主观整体评价，它由许多自我认识组成，包括我是什么人、我主张什么和我喜欢什么等。

坚持体育锻炼，可以使锻炼者体格强健、精力充沛、提高驾驭身体的能力，从而改善对自身的满意程度，确立良好的自我概念。

改变睡眠模式

根据脑电图的显示,人的睡眠可以分为两种状态,即慢波睡眠状态和快波睡眠状态。前者为浅度睡眠状态,后者为深度睡眠状态。一夜之间两种睡眠状态会交替发生 4~5 次。

有规律的体育锻炼不仅对慢波睡眠有促进作用,而且能缩短入眠的潜伏期,并延长睡眠的时间。

改善认知能力

体育锻炼还能改善人的认知过程,避免反应时间过长、注意力不集中和思维混乱等症状的发生,尤其对老年人的认知能力改善效果更为明显。

增加心理治疗效应

体育锻炼被公认为是一种心理治疗的好方法。目前人群中常见的心理疾患是抑郁症和焦虑症。研究发现,体育锻炼是治疗抑郁症的有效手段之一,抑郁症患者经过有规律的体育锻炼,抑郁症状能明显减轻。

体育锻炼还具有治疗焦虑症的作用,通过有规律的体育锻炼,可以使锻炼者的焦虑症状明显改善。

第三节 运动保护

在运动过程中,人体机能会随时发生变化。因此,应针对这种机能变化的特点来进行体育锻炼,也就是我们所说的运动保护。运动保护一般包括运动前准备、运动后放松和自我养护三个方面。

运动前准备

准备活动是指在正式运动之前进行的有目的的身体练习。做好充分的准备活动，可以缩短机体进入最佳状态的时间，同时还可以预防运动损伤的发生，为机体发挥最大的工作效率做好功能上的准备。

准备活动的作用

提高中枢神经系统兴奋状态

（1）使大脑反应速度加快，参加活动的运动中枢神经相互协调。

（2）为正式运动时生理机能达到适宜程度提前做好准备。

提高机体代谢水平

（1）准备活动可以使锻炼者体温升高，降低肌肉黏滞性，使肌肉的伸展性、柔韧性和弹性增强，从而有效预防运动损伤的发生。

（2）准备活动可以增强体内代谢酶的活性，使物质代谢水平提高，以保证运动时有较充分的能量供应。

克服内脏器官生理惰性

（1）准备活动可以提高心血管系统和呼吸系统的机能水平，使肺通气量及心血输出量增加。

（2）可以使心肌和骨骼肌的毛细血管扩张，使其工作肌获得更多的氧，从而克服内脏器官的生理惰性，使之尽快达到最佳状态。

增加皮肤毛细血管的血流量

准备活动可以使皮肤毛细血管的血流量增加，运动后毛细血管扩张，有利于散热，降低体温，有效防止开始正式活动时由于体温过高而影响运动能力。

准备活动要求

准备活动时间

（1）准备活动的时间可以根据运动项目的具体情况确定，一般以10～30分钟为宜。

（2）准备活动与正式运动的间隔时间，一般以不超过15分钟为宜，可以在做完准备活动后立刻进行正式运动。

准备活动强度

（1）准备活动的强度和量应较正式运动小，以免引起不必要的疲劳。

（2）准备活动的量可以由心率来决定，心率以100～120次/分为宜。

准备活动内容

一般性准备活动

一般性准备活动的内容多以伸展运动开始，然后进行一般性的跑步、徒手体操等活动。

下面介绍一套常用的一般性准备活动操，供锻炼者运动前使用。这套活动操主要包括头部运动、肩部运动、扩胸运动、体侧运动、体转运动、髋部运动和踢腿运动等。

头部运动

头部运动的动作方法（见图2-3-1）：两手叉腰，两脚左右开立，做头部向前、向后、向左、向右，以及绕环运动。

图2-3-1

肩部运动

肩部运动的动作方法（见图2-3-2）：手扶肩部，屈臂向前、向后绕环，以及直臂绕环。

扩胸运动

扩胸运动的动作方法（见图2-3-3）：屈臂向后振动及直臂向后振动。

体侧运动

体侧运动的动作方法（见图2-3-4）：两脚左右开立，一手叉腰，另一臂上举，并随上体向对侧振动。

体转运动

体转运动的动作方法（见图2-3-5）：两脚左右开立，两臂体前屈，身体向左、向右有节奏地扭转。

髋部运动

髋部运动的动作方法（见图2-3-6）：两脚左右开立，两手叉腰，髋关节放松，向左、向右360度旋转。

图2-3-2

图2-3-3

踢腿运动

踢腿运动的动作方法（见图2-3-7）：两臂上举后振，同时一腿向后半步，重心置于前腿，两臂下摆后振，同时向前上方踢腿。

图2-3-4

图2-3-5

图2-3-6

图2-3-7

专门性准备活动

专门性准备活动的动作方法、节奏和强度等与正式锻炼相似,目的是使人体主要肌群在运动前得到动员,为正式锻炼做好准备。

运动后放松

运动后放松是指运动之后所进行的一些能够加速机体功能恢复的、较轻松的身体活动。与运动前准备活动相反,其目的是使锻炼者的生理机能水平逐步得到恢复。

放松方法

运动性手段

(1)运动结束后,锻炼者可采用变换运动部位的方法来消除疲劳,如上肢出现疲劳时可做一些慢跑运动,下肢出现疲劳时可做一些上肢运动。

(2)转换运动类型也是一种不错的放松方法,如打羽毛球出现疲劳时,可从事瑜伽运动来达到放松的目的。

(3)还可以用调整运动强度的方法来缓解疲劳,如可以在放松过程中,采用小强度的轻微运动方法等。

整理活动   见图 2-3-8

(1)整理活动是指运动后所做的一些能够加速机体功能恢复的身体活动,如剧烈运动后进行 3~5 分钟慢跑或其他整理活动,使身体机能得以恢复。

(2)剧烈运动后如不做整理活动而骤然停止动作,会影响氧气的补充和静脉血的回流,使机体血压降低,引起不良反应。

图 2-3-8

 注意事项

（1）在进行整理活动时动作应缓慢、放松，运动量不要过大，否则会引起新的疲劳。

（2）在进行整理活动时，应当保持心情舒畅、精神愉快。

 自我养护

锻炼后，锻炼者感觉身体疲劳是一种正常的生理现象，是体育锻炼过程中的正常反应，随着体育锻炼时间的延长，疲劳症状会自然消失。运动性疲劳出现后，锻炼者如果采用一些自我养护措施，可以加速身体机能的恢复，尽快消除疲劳，提高锻炼效果。常见的自我养护方法主要包括运动后休息、合理营养和物理手段等三种。

 运动后休息

静止性休息　见图 2-3-9

（1）静止性休息是指锻炼者运动后保持机体相对的静止状态，以促进身体机能的恢复，尽快消除疲劳。

(2)静止性休息的最佳方式之一是睡眠,特别是刚开始从事锻炼者,身体不适应或疲劳症状明显时,更应该保证足够的睡眠,否则,锻炼者虽然积极参加了体育锻炼,但收效甚微,甚至会导致过度疲劳症状的发生。

(3)静止性休息更适合于消除全身运动导致的整体疲劳症状。

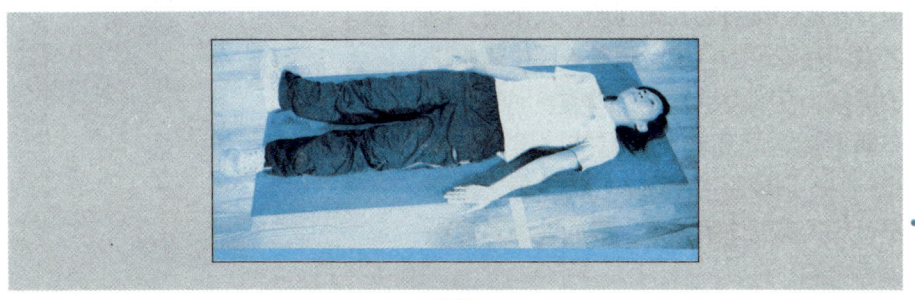

图 2-3-9

积极性休息 见图 2-3-10

(1)积极性休息更适合由于少量肌肉群参与工作而导致的局部疲劳,或运动强度较大而导致的快速疲劳。

(2)积极性休息可以加速血液循环,有利于代谢物排出体外,对促进身体机能的恢复具有明显的效果。

图 2-3-10

合理营养 见图 2-3-11

图 2-3-11

小强度、长时间的运动形式，主要是靠糖原的有氧代谢提供能量。运动后应及时补充淀粉类食物，如面粉、大米等，以促进消耗糖原的合成。随着人民生活水平的提高，在饮食结构中，肉类食品的比重不断增加，而淀粉类食品的比重逐渐减少，这一现象应当引起人们的注意，特别是老年人参加体育锻炼，更应注意对淀粉类食物的补充。

强度较大、时间又相对较长的运动形式，主要是靠糖原的无氧代谢提供能量。这样，糖原无氧代谢产物——乳酸便会在体内大量堆积。因此，运动后应多补充蔬菜、水果等碱性食品，以加速乳酸的清除，达到尽快消除疲劳的目的。

物理手段

按摩及牵拉 见图 2-3-12

（1）通过刺激神经末梢、皮肤结缔组织和毛细血管的按摩方法，可以使紧张的肌肉得以放松，从而改善局部组织和全身的血液循环，达到促进身体机能恢复的目的，这种方法可以在锻炼后马上进行。

（2）此外，还可以采取缓慢牵拉肌肉的方法，使收缩的肌肉得到充分的伸展放松。

水疗及电疗

（1）水疗包括芬兰式蒸汽浴、热水浴和桑拿浴等多种形式，主要作用是通过提高体温，促进血液循环，清除代谢物，以达到尽快消除疲劳、恢复体力的目的。

（2）水疗的时间一般以不超过 30 分钟为宜，如果时间过长，会进一步消耗体力，严重时甚至会出现暂时性脑缺血现象。

（3）如果条件允许，还可对疲劳的肌肉进行低频治疗。低频治疗仪的原理是模拟针灸疗法，使用时将电极用不干胶对称地粘贴在运动部位表皮上。这种疗法可以促进局部血液循环，改善组织代谢，缓解肌肉酸痛，消除疲劳。

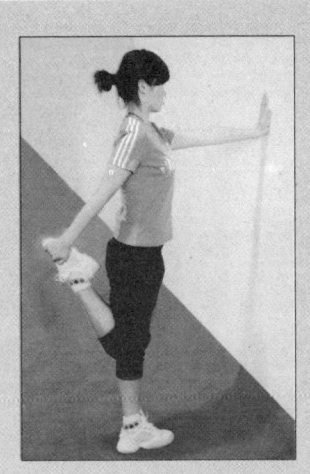

图 2-3-12

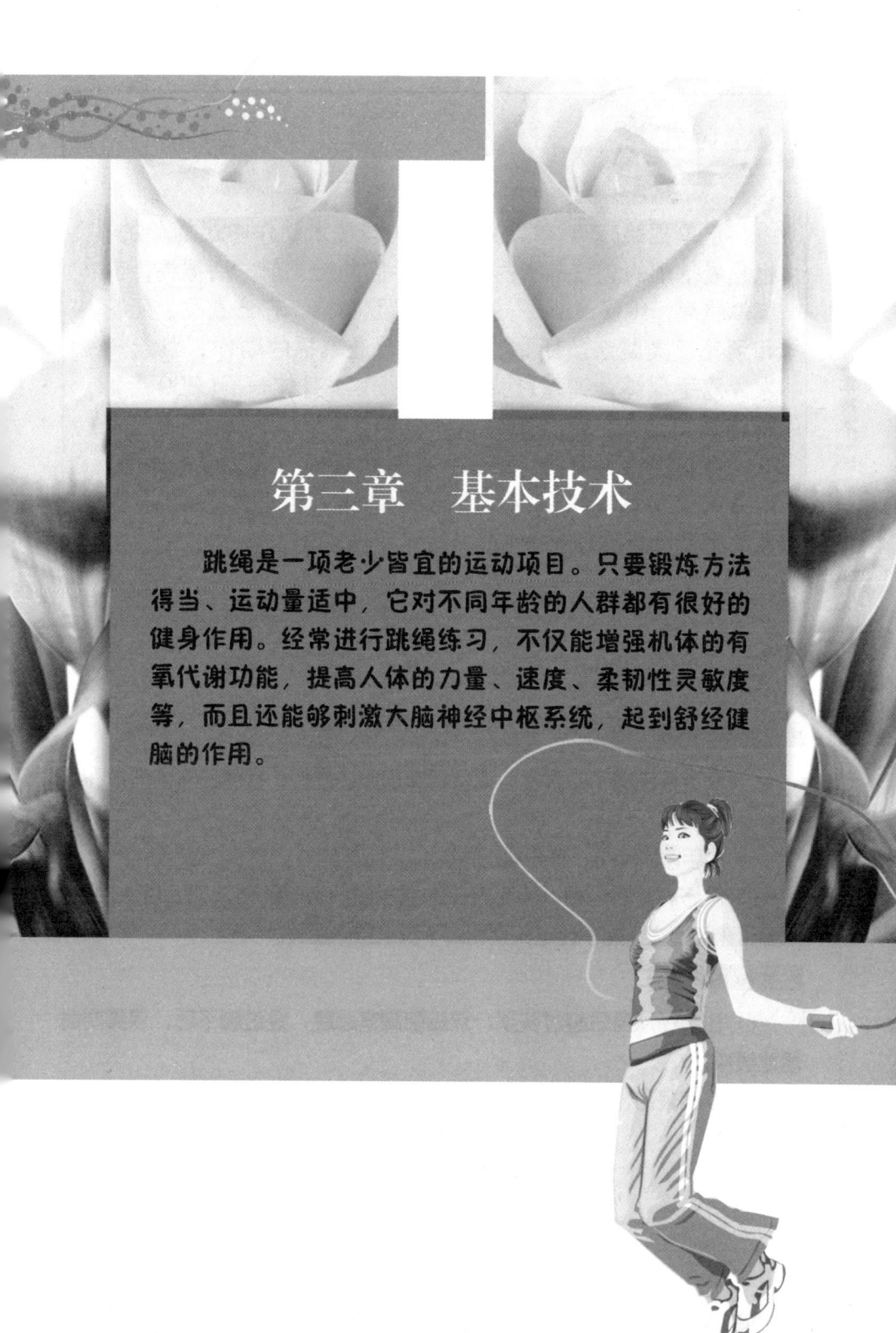

第三章　基本技术

跳绳是一项老少皆宜的运动项目。只要锻炼方法得当、运动量适中，它对不同年龄的人群都有很好的健身作用。经常进行跳绳练习，不仅能增强机体的有氧代谢功能，提高人体的力量、速度、柔韧性灵敏度等，而且还能够刺激大脑神经中枢系统，起到舒经健脑的作用。

第一节 正单摇跳

正单摇跳(又叫单飞)是所有跳绳技术动作中最简单的,也是最基础的。它是指两手臂、手腕向上、前、后摇绳,前脚掌跳起,绳通过脚下,即为一次正单摇。它分直飞、死花和活花三类跳法。所谓直飞就是普通单摇的动作,跳起一次,双手摇绳,绳越过头顶通过脚下绕身体一周(360 度)。所谓活花,就是正摇前交叉单摇跳,指的是手臂灵活地编花,不是固定不变的。所谓死花就是正摇前交叉单摇跳时,两手臂交叉后保持固定不变摇绳(即第一个动作体前编花,第二个动作仍保持不变)。

▼ 正摇双脚跳

 动作方法 见图 3-1-1

(1)双手握住绳子的两端,拇指和食指握住绳柄,其他三指自然放在手柄上;

(2)两手掌心向下,放于髋的两侧;

(3)做好准备姿势后,用手腕带动绳子经后向前摇动,绳子过头顶后,双脚迅速跳起,让绳子经过头顶和脚下围绕身体旋转。

技术要点

(1)让绳子从身后越过头顶,双脚前脚掌起跳,经过脚下后,双脚同时落地缓冲;

(2)手腕转动,摇动绳子,绳子的摇动和下肢的跳动要协调配合。

错误纠正

初学者经常把两手掌心向上，而且用胳臂去摇绳子，手臂总向外侧展开。因此，应注意跳绳时在身体两侧的腋下夹两张纸，防止手臂外展，同时注意手掌心所对的位置，尽量保持正确的跳绳姿势。

正单摇跳

图 3-1~1

正摇单脚跳

 动作方法 见图 3-1-2

双手握住绳子的两端，拇指和食指握住绳柄，其他三指自然放在手柄上，两手掌心向下，放于髋的两侧，做好准备姿势后，用手腕带动绳子经后向前摇动，绳子过头顶后，双腿迅速跳起，让绳子经过头顶和脚下围绕身体旋转，单脚落地缓冲。

 技术要点

绳子越过头顶后，双脚起跳。绳子经过脚下，单脚落地缓冲，然后连续单脚起跳。

 错误纠正

初学者经常动作不连贯，不协调，上身未能保持平衡，全脚掌着地。因此，应注意开始的动作要慢一些，抬头，挺胸，上身保持正直，前脚掌接触地面。

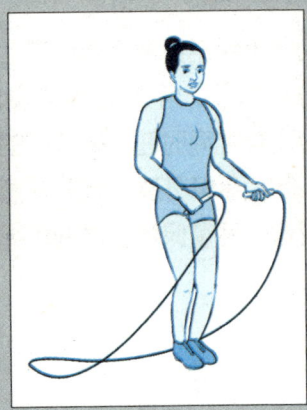

图 3-1-2

正摇双脚交替跳

动作方法 见图 3-1-3

（1）双手紧握绳子的两端，两臂自然弯曲，拇指和食指握住绳柄，其他三指自然放在手柄上，两手掌心向下，放于髋的两侧；

（2）做好准备姿势后，用手腕带动绳子经后向前摇动，绳子经过脚下时左右脚交替跳起。

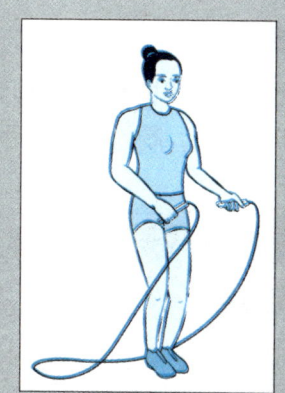

正单摇跳

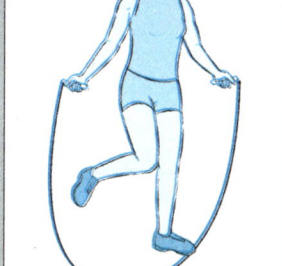

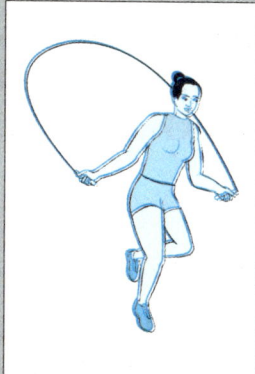

图 3-1-3

技术要点

绳子越过头顶后,双脚起跳。绳子经过脚下,一只单脚落地缓冲,再次越过头顶后,落地脚跳起,绳子经过脚下后,另一只脚落地缓冲。

错误纠正

左右脚交替不协调。因此,应注意初学时多做无绳练习,两脚交替跳动,动作要轻盈,同时徒手进行摇绳,保持与跳动一致。

正摇高抬腿跳

动作方法 见图3-1-4

(1)双手握住绳子的两端,拇指和食指握住绳柄,其他三指自然放在手柄上,两手掌心向下,放于髋的两侧,做好准备姿势后,用手腕带动绳子经后向前摇动;

(2)绳子过头顶后,一腿屈膝抬起脚尖向下,另一腿略抬起,双腿同时离地,使绳子经过头顶和脚下围绕身体旋转,下落之后,双脚落地;

(3)然后换另一侧腿屈膝抬起,另一腿略抬起,使绳子经过头顶和脚下围绕身体旋转,然后双脚落地。

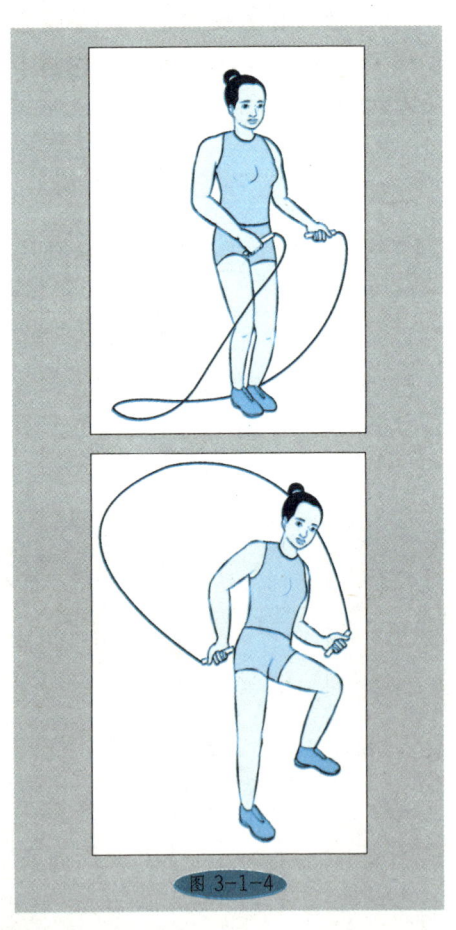

图3-1-4

技术要点

一腿屈膝抬起,另一腿跳起,绳通过脚下后双脚落地缓冲,然后换一条腿屈膝抬起,两腿交替完成高抬腿动作。

错误纠正

初学者不能控制好身体重心移动，大腿抬起高度不够，脚尖未能下压。因此，应注意上身挺直略前倾，大腿带动小腿，向上抬起，同时脚尖下压。

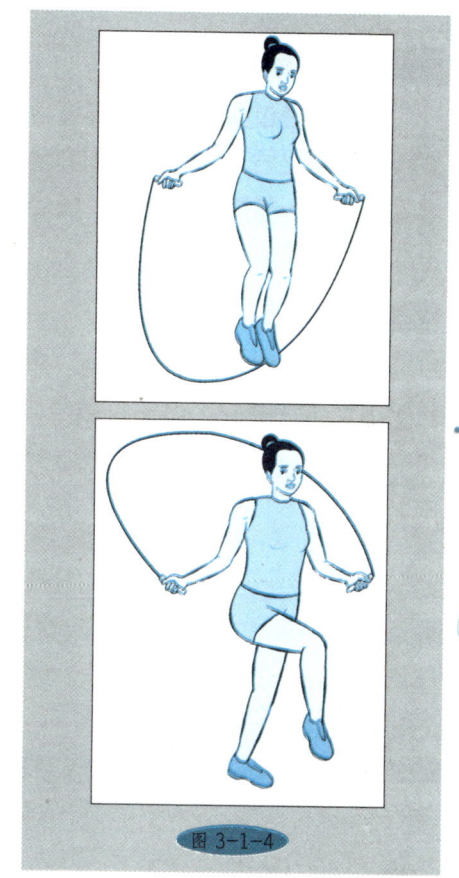

图 3-1-4

正摇前踢腿跳

动作方法 见图 3-1-5

（1）双手握住绳子的两端，两臂自然弯曲，拇指和食指握住绳柄，其他三指自然放在手柄上，两手掌心向下，放于髋的两侧；

（2）做好准备姿势后，用手腕带动绳子经后向前摇动，绳子过头顶后，一腿屈膝向前弹踢，脚面绷直，另一腿略跳起，使双腿同时离地。

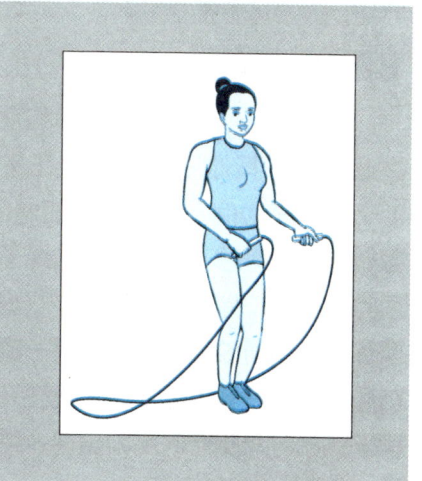

技术要点

让绳子经过头顶和脚下围绕身体旋转，下落之后，向前弹踢的脚全脚掌着地，另一条腿向后弯曲，脚尖向下准备下一次弹踢。

错误纠正

弹踢腿的脚，脚面绷不直，总有勾脚尖现象。因此，应大腿抬起，小腿弹出，脚趾下压，使整个身体协调用力。

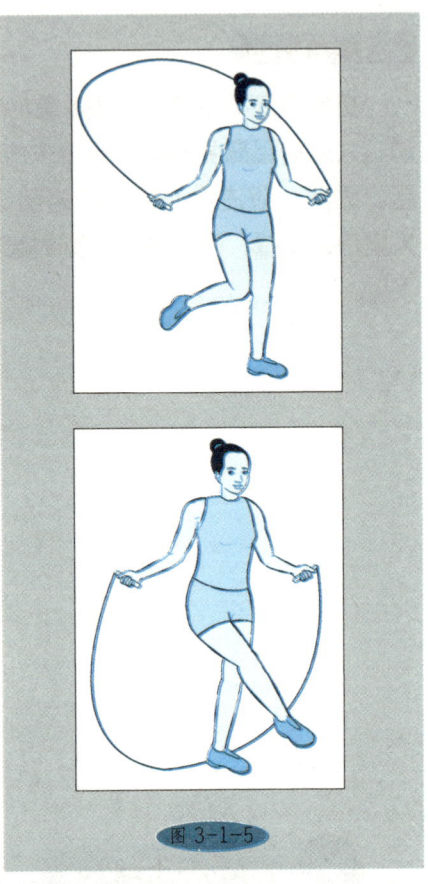

图 3-1-5

正摇弓步跳

动作方法　见图 3-1-6

手握住绳子的两端，拇指和食指握住绳柄，其他三指自然放在手柄上，两手掌心向下，放于髋的两侧，做好准备姿势后，用手腕带动绳子经后向前摇动，绳子过头顶后，双腿同时跳起，绳通过脚下，落地时一腿在前屈膝，另一腿在后伸直，呈弓步，再次跳起时双脚同时用力蹬地，绳子

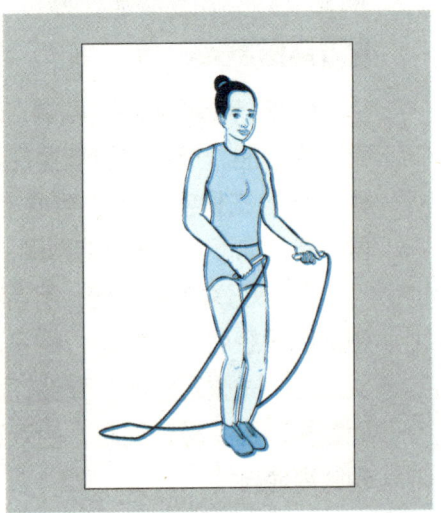

再次通过脚下，落地时双脚交换位置呈弓步。

❀ 技术要点

弓步要求前弓，后绷，这样做起来才美观大方。

❀ 错误纠正

前腿弓得不够，后腿没有绷直。因此，应前腿小腿与地面垂直，后腿蹬直始终保持绷紧状态。

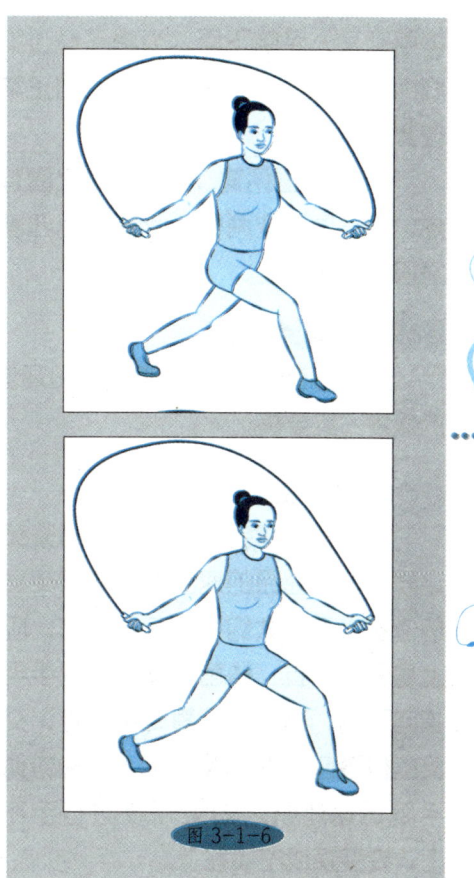

图 3-1-6

正摇前交叉单摇跳

正摇前交叉单摇跳又叫活花，指的是灵活编花，不是固定不变的。

❀ 动作方法　见图 3-1-7

（1）手握住绳子的两端，拇指和食指握住绳柄，其他三指自然放在手柄上，两手掌心向下，放于髋的两侧；

（2）做好准备姿势后，用手腕带动绳子经后向前摇动，绳子过头顶后，摇到身体正前方时，两臂迅速在

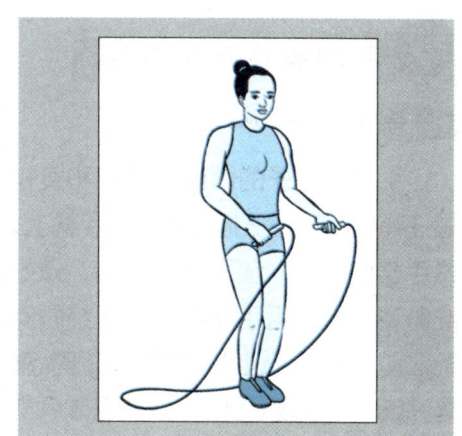

体前交叉，手腕下压，当绳子经过脚底向后摇动后，两臂迅速返回到正常位置；

（3）第一圈两臂交叉摇，第二圈直摇，第三圈再次两臂交叉摇，第四圈直摇，依此类推。

技术要点

双手协调用力，两臂交叉和还原的速度一定要快。

错误纠正

初学者经常含胸低头，体前交叉之后，两臂还原的速度慢，两臂交叉的位置太高，大约在胸前。因此，应上身保持正直，体前交叉时，双手手指向下压，同时，两臂尽量伸直，交叉的位置应该在小腹以下，手指带动手腕迅速还原。如果完成时右手在上，要变换成左手在上。

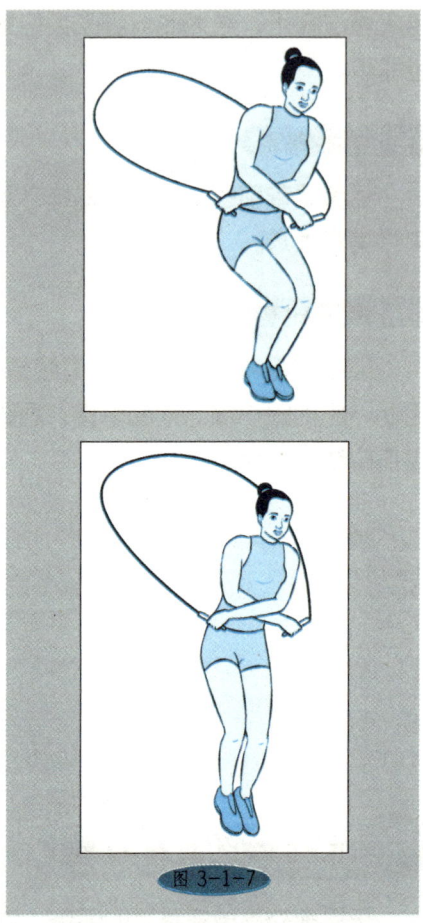

图 3-1-7

正摇后交叉单摇跳

动作方法　见图 3-1-8

手握住绳子的两端，拇指和食指握住绳柄，其他三指自然放在手柄上，两手掌心向下，放于髋的两侧，做好准备姿势后，用手腕带动绳子经后向前摇动，绳子经过头顶绕过脚下时（就是完成一个单摇动作），双手在体后交

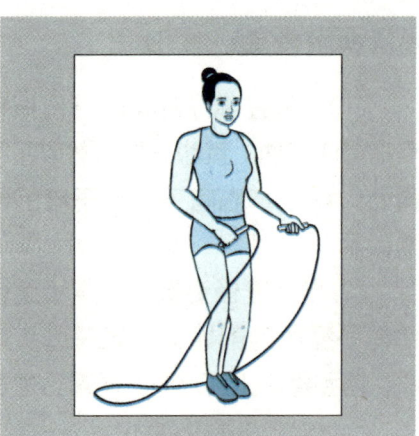

叉，使绳子经过头顶，手臂保持不动，手腕带动绳子跳动，若干个之后，当绳子再次经过脚下时，双手可还原单摇状态。

技术要点

双手在体后交叉时注意绳子要顺着甩动的方向去协调用力，千万不要乱甩。

错误纠正

手臂体后交叉时绳子总打结。因此，应手臂在体后交叉时，手腕经下向上抖腕，用手指和手腕的力量带动绳子摇动。

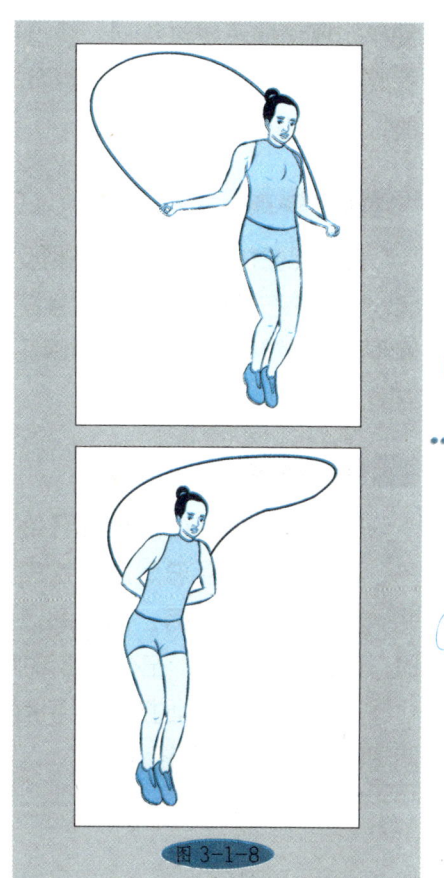

图 3-1-8

正摇前后交叉单摇跳

动作方法 见图 3-1-9

手握住绳子的两端，拇指和食指握住绳柄，其他三指自然放在手柄上，两手掌心向下，放于髋的两侧，做好准备姿势后，用手腕带动绳子经后向前摇动时，一只手经体侧向体前甩动做交叉动作，同时另一只手向体后甩动做后交叉

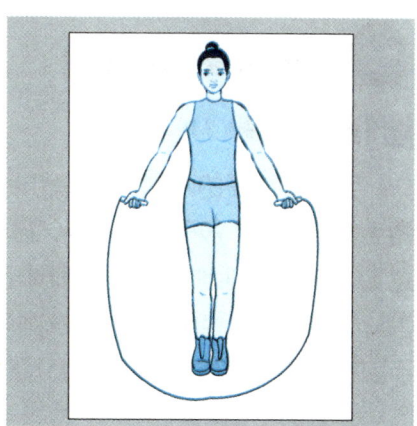

动作,摇动绳子经过头顶,绕过身体。完成若干个之后,当绳子再度经过头顶时,双手可还原至单摇状态。

技术要点

两只手保持平衡,都放在相反的方向,比如说右臂在腹前弯曲,手腕在左侧摇绳,左臂在腰后弯曲,手腕在右侧摇绳。

错误纠正

初学者没有经过头顶便开始甩绳子,体后交叉的手总是甩不过去。因此,应多做徒手模仿,摇绳超过头顶时,再做甩动动作;左右手协调用力,让绳子体前和体后同时交叉;手指和手腕同时发力带动绳子摇动。

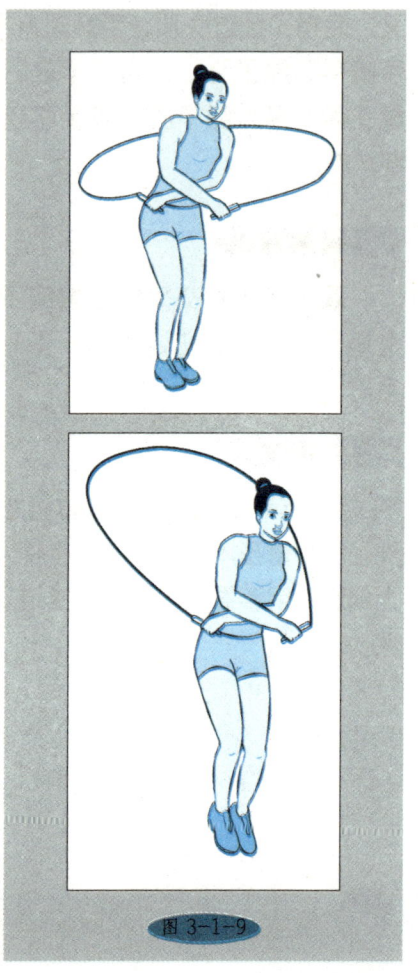

图 3-1-9

正摇交替交叉跳

动作方法 见图 3-1-10

手握住绳子的两端,拇指和食指握住绳柄,其他三指自然放在手柄上,两手掌心向下,放于髋的两侧,做好准备姿势后,用手腕带动绳子经后向前摇动,绳子过头顶后,摇到身体正前方时,两臂迅速在体前交叉(左手在上),手腕下压,绳子经过脚底向后、向上摇动,当再次摇到身体正前方时手腕经体前再度交叉(右手在上),依此类推,用同样的方法连续跳。

技术要点

两手臂体前交叉的速度要快,要用手腕的力量带动绳子旋转,先交叉,还原之后再迅速交叉。

错误纠正

交替交叉跳,又叫单龙花,难度比较大,初学者经常会把绳子打到脸上,第一个交叉一般没有问题,但是第二个交叉总是做不出来,第三、第四就更难了。因此,应做好第一个交叉,在做第二个交叉前,上面的手向下拉回,同时下面的手向侧再向内移动。

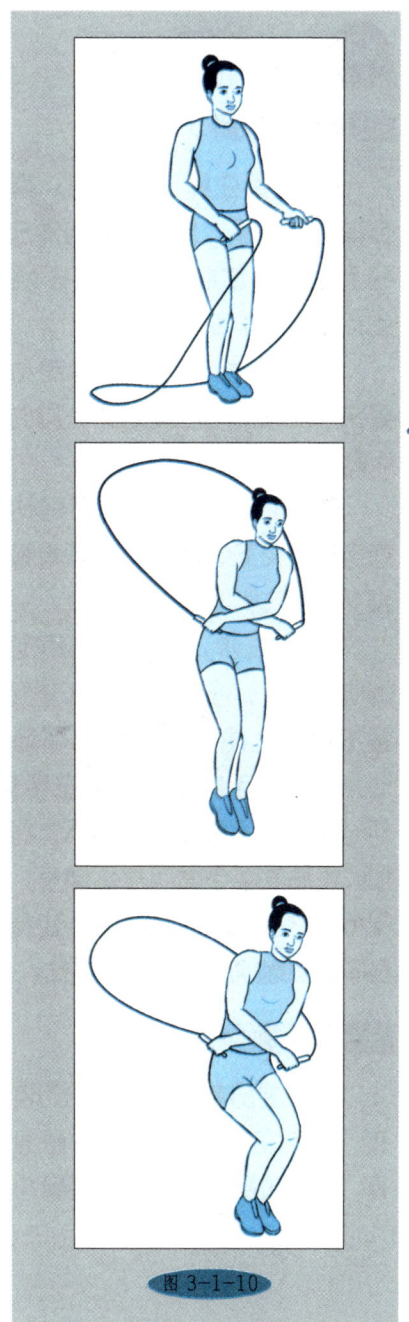

图 3-1-10

正摇侧甩花跳

动作方法 见图 3-1-11

（1）手握住绳子的两端，拇指和食指握住绳柄，其他三指自然放在手柄上，两手掌心向下，放于髋的两侧，做好准备姿势。

（2）第一步，右手手腕带动绳子经头顶在体前向左侧甩绳，同时左手手臂向左侧伸平；

（3）第二步，左手向右甩动在体前与右手交叉，同时让绳子直接通过脚下，经过头顶；

（4）第三步，右手向右甩动至右侧伸平停止，左手保持刚才交叉的位置不变，让绳子在身体右侧继续甩动，然后右手向左甩动与左手交叉，同时摇动绳子直接通过脚下，经过头顶，然后左手手臂向左侧伸平，右臂保持刚才交叉的位置不变，让绳子在身体左侧继续甩动，依此类推。

技术要点

绳子要随着手臂带动的方向去旋转，跳起的同时一定要注意身体正直，绳子过脚后，迅速下落缓冲。

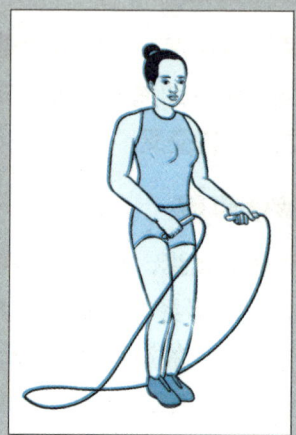

图 3-1-11

错误纠正

绳子未过头顶就甩动,交叉之后没有迅速还原,导致绳子运行轨迹不正确。因此,应先过头,再甩动,手指和手腕用力带动绳子做交叉,同时迅速还原,保持基本姿势。

第二节 反单摇跳

反单摇跳就是摇绳的方向由前向后,它是指两手臂、手腕向上后摇绳,前脚掌跳起,绳通过脚下,即为一次反单摇跳,分为直摇、死花和活花三类跳法。

所谓反直摇就是普通反单摇动作。跳起一次,双手向后摇绳,绳越过头顶通过脚下绕身体一周(360度)。所谓反活花,就是指反摇前交叉单摇跳时,手臂灵活地编花,不是固定不变的。所谓反死花就是反摇前交叉单摇跳时,两手臂交叉后保持固定不变摇绳(即第一个动作体前编花,第二个动作仍保持不变)。

反摇双脚跳

 动作方法　见图 3-2-1

双手握住绳子的两端,拇指和食指握住绳柄,其他三指自然放在手柄上,两手掌心向下,放于髋的两侧,同时让绳子位于身体前方做好准备姿势,用手腕带动绳子经前向后摇动,绳子过头顶后,双脚迅速跳起,让绳子经过头顶和脚下围绕身体旋转。

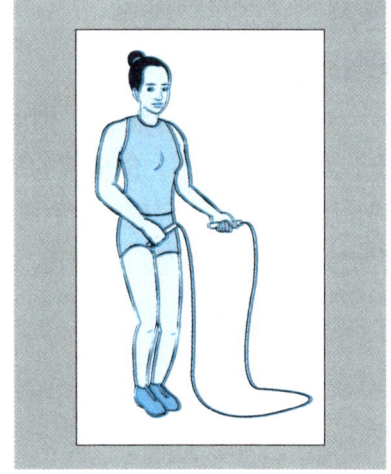

技术要点

用双脚前脚掌起跳让绳子从体前越过头顶，经过脚下后，双脚同时落地缓冲。

错误纠正

初学者经常把两手掌心向上，而且用胳臂去摇绳子，手臂总向外侧展开。因此，跳绳时应在身体两侧的腋下夹两张纸，防止手臂外展，同时注意手掌心所对的位置，尽量保持正确的跳绳姿势。

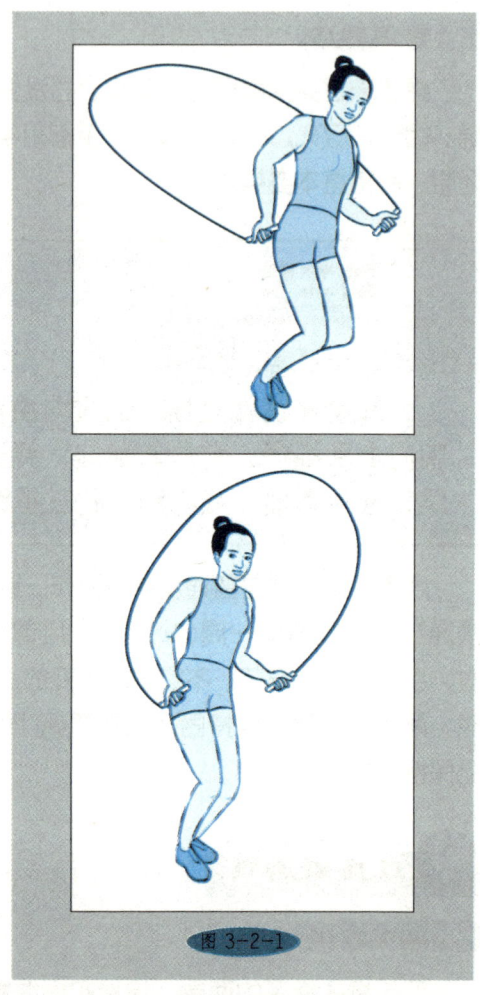

图 3-2-1

 反摇单脚跳

动作方法　见图 3-2-2

双手握住绳子的两端，拇指和食指握住绳柄，其他三指自然放在手柄上，两手掌心向下，放于髋的两侧，同时让绳子位于身体前方做好准备姿势，用手腕带动绳子经前向后摇动，绳子过头顶后，双腿迅速跳起，让绳子经过头顶和脚下围绕身体旋转，同时单脚落地缓冲。

技术要点

绳子越过头顶后，双脚起跳。绳子经过脚下，单脚落地缓冲，再次越过头顶后，单脚跳起，绳子经过脚下后，单脚落地。

错误纠正

初学者经常动作不连贯，不协调，上身未能保持平衡，全脚掌着地。因此，应抬头，挺胸，上身保持正直，前脚掌接触地面。

反单摇跳

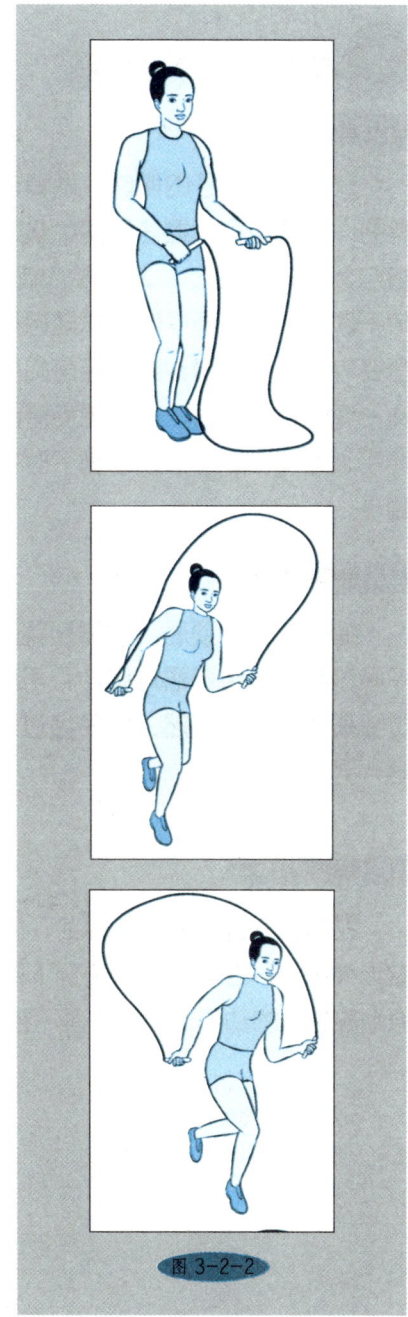

图 3-2-2

反摇双脚交替跳

动作方法 见图 3-2-3

双手紧握绳子的两端，两臂自然弯曲，拇指和食指握住绳柄，其他三指自然放在手柄上，两手掌心向下，放于髋的两侧，绳子位于体前做好准备姿势，用手腕带动绳子经前向后摇动，绳子过头顶后，左右脚交替跳过绳子，当绳子经过头顶和脚下时变换脚步。

技术要点

绳子越过头顶后，双脚起跳。绳子经过脚下，单脚落地缓冲，再度越过头顶后，单脚跳起，绳子经过脚下后，另一只脚落地。

错误纠正

左右脚交替不协调。因此，应多做无绳练习，在无绳子的情况下做好原地高抬腿的动作，保持步调一致。

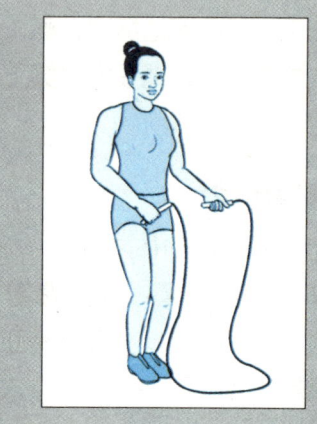

图 3-2-3

反摇高抬腿跳

 动作方法 见图 3-2-4

双手握住绳子的两端,拇指和食指握住绳柄,其他三指自然放在手柄上,两手掌心向下,放于髋的两侧,绳子位于体前做好准备姿势后,用手腕带动绳子经前向后摇动,绳子过头顶后,双腿同时向后上方跳起,一腿屈膝抬起脚尖向下,另一腿略抬起,使双腿同时离地,让绳子经过头顶和脚下围绕身体旋转。下落之后,双脚落地。

技术要点

一腿屈膝抬起脚尖向下,另一腿落地缓冲,保持平衡。

错误纠正

初学者未能控制好身体,重心移动不对,大腿抬起高度不够,脚尖未能下压。因此,上身应挺直且略前倾,大腿带动小腿,向上抬起,同时脚尖勾起下压。

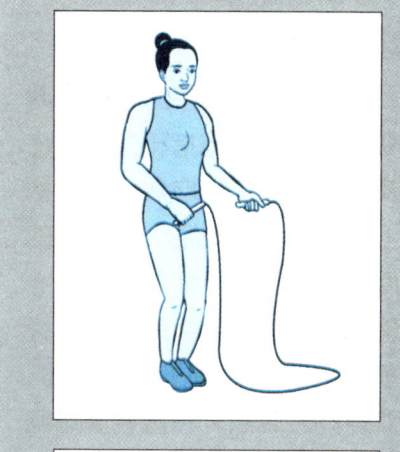

图 3-2-4

反摇前踢腿跳

动作方法 见图 3-2-5

双手握住绳子的两端，两臂自然弯曲，拇指和食指握住绳柄，其他三指自然放在手柄上，两手掌心向下，放于髋的两侧，绳子位于体前，做好准备姿势后，用手腕带动绳子经前向后摇动，绳子过头顶后，双腿同时跳起，一腿屈膝后向前伸，脚面绷直，另一腿略抬起，使双腿同时离地。

技术要点

让绳子经过头顶和脚下围绕身体旋转。下落之后，前伸的那条腿全脚掌着地，另一条腿向后抬起，脚尖向下准备下一次弹踢。

错误纠正

前腿脚面绷不直，总有勾脚尖现象，导致大小腿未在一个平面上。因此，应大腿抬起，小腿弹出，脚趾下压，使整个身体协调用力。

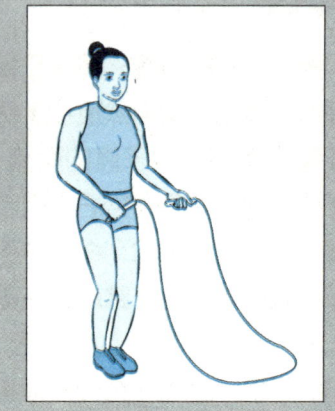

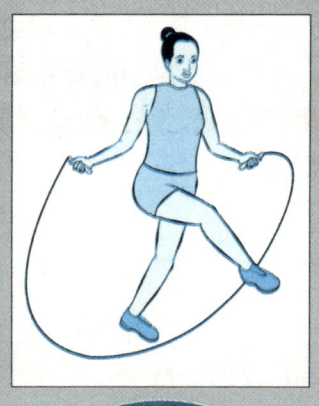

图 3-2-5

反摇弓步跳

动作方法　见图 3-2-6

手握住绳子的两端，拇指和食指握住绳柄，其他三指自然放在手柄上，两手掌心向下，放于髋的两侧，绳子位于体前，做好准备姿势后，用手腕带动绳子经前向后摇动，绳子过头顶后，双腿同时跳起，一腿在前弯曲，另一腿在后伸直呈弓步，双脚同时用力蹬地，跳过，经头顶向后摇动绳子，与此同时双脚交换位置做左右脚交替动作。

技术要点

弓步要求前弓，后绷，这样做起来才美观大方。

错误纠正

前腿弓得不够，后腿没有绷直。因此，前腿的小腿与地面垂直，后腿蹬直始终保持绷紧状态。

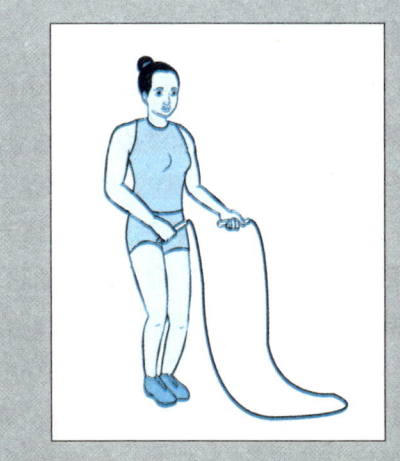

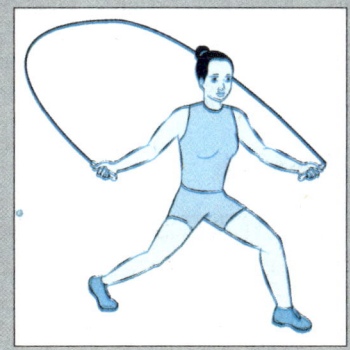

图 3-2-6

反单摇跳

反摇前交叉单摇跳

动作方法　见图 3-2-7

手握住绳子的两端，拇指和食指握住绳柄，其他三指自然放在手柄上，两手掌心向下，放于髋的两侧，绳子位于体前做好准备姿势后，用手腕带动绳子经前向后摇动，绳子过头顶后，摇到身体后方时，两臂迅速在胸前交叉，手腕下压，当绳子经过脚底向前旋转时，手腕经胸前交叉回原位，绳经过两脚再摇至头上方时，两臂还原，也就是第一圈交叉，第二圈直摇，以同样的方法连续跳。

技术要点

反摇动作难在协调上，练习反摇前交叉单摇跳主要靠手臂在胸前的交叉速度和交叉后变换的过程。双手协调用力，手腕回收的速度要快。

错误纠正

初学者经常团身低头，胸前交叉之后，手臂回收不够迅速，两臂经常在胸下交叉。因此，上身应保持正直，体前交叉时，双手手指向下压，同时，两臂尽量伸直，交叉的位置应该在胸前，手指带动手腕迅速回收。

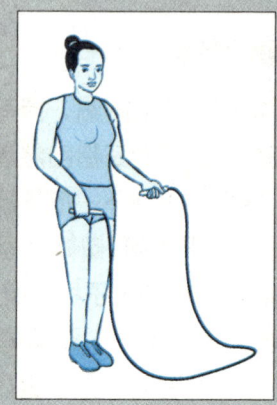

图 3-2-7

反摇后交叉单摇跳

动作方法 见图 3-2-8

手握住绳子的两端,拇指和食指握住绳柄,其他三指自然放在手柄上,两手掌心向下,放于髋的两侧,绳子位于身体前方,做好准备姿势后,用手腕带动绳子经前向后摇动,绳子经过头顶绕过脚下时(就是完成一个单摇动作),双手在体后交叉,使绳子经过头顶,手臂保持不动,手腕带动绳子跳动,跳过若干个之后,当绳子再次经过脚下时,双手可还原单摇状态。

图 3-2-8

技术要点

双手在体后交叉时注意绳子要顺着甩动的方向去协调用力,千万不要乱甩。

错误纠正

手臂体后交叉时,绳子总打结。因此,在体后交叉时,手腕经下向上抖腕,用手指和手腕的力量带动绳子摇动。

 反摇前后交叉单摇跳

动作方法 见图 3-2-9

手握住绳子的两端,拇指和食指握住绳柄,其他三指自然放在手柄上,两手掌心向下,放于髋的两侧,绳子位于身体前方,做好准备姿势后,用手

腕带动绳子经前向后摇动，一手经体侧向体前甩动做交叉动作，另一手向后甩动做交叉动作，同时用手指和手腕的力量使绳子经过头顶，绕过身体。若干个之后，当绳子再次经过头顶时，双手可还原单摇状态。

技术要点

主要是让两只手保持平衡，都放在相反的方向，比如说右手要经过身体前（后）放在左侧，而左手要经过身体后（前）放到右侧，这样就能协调起来，做好动作了。

错误纠正

初学者没有经过头顶便开始甩绳子，体后交叉的手总是甩不过去。因此，应在摇绳超过头顶后，再做甩动动作；左右手协调用力，让绳子体前和体后同时交叉；手指和手腕同时发力带动绳子做运动。

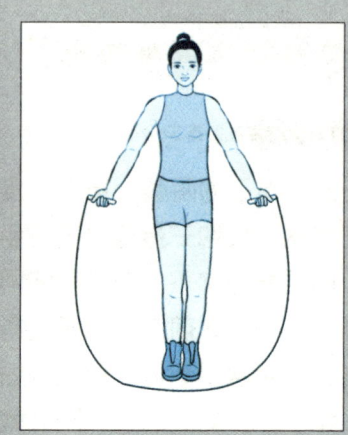

图 3-2-9

反摇交替交叉跳

动作方法 见图 3-2-10

手握住绳子的两端，拇指和食指握住绳柄，其他三指自然放在手柄上，两手掌心向下，放于髋的两侧，绳子在身体前方做好准备姿势后，用手腕带动绳子经前向后摇动，绳子过头顶后，摇到身体后方时，两臂迅速在胸前交叉（左手在上），手腕下压，当绳子经过脚底向前旋转时，手腕经胸前再度交叉（右手在上），绳子经过两脚再摇至头上方时，手腕经胸前再度交叉（左手在上），也就是第一圈交叉（左手在上），第二圈同样交叉（右手在上），以同样的方法连续跳。

技术要点

主要是要看胸前交叉的速度，要用手腕的力量带动绳子的旋转轨迹，先交叉，回收之后迅速再交叉。

错误纠正

初学者经常会把绳子打到脸上，第一个交叉一般没有问题，但是第二个交叉总是做不出来，第三、第四就更难了。因此，应做好第一个交叉后，在做第二个交叉前，上面的手向下拉回，同时下面的手向侧再向内移动。

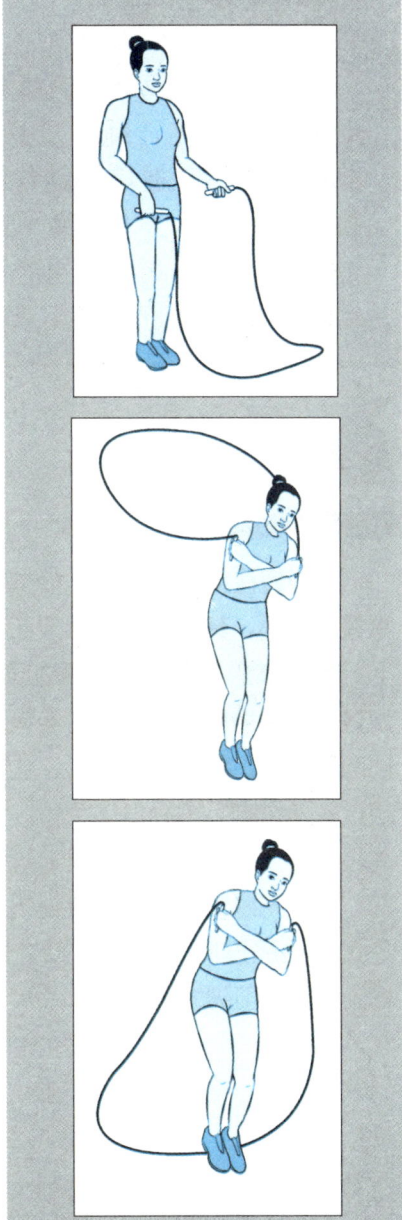

图 3-2-10

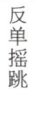

反单摇跳

第三节 正双摇跳

双摇俗称双飞，凡跳起一次，在脚落地前无论绳在摇动中怎样变化，绳绕过身体二圈的动作统称为双飞动作。此动作是在掌握单摇动作的基础上，增加完成难度的一种跳法，每跳起一次，绳子过身体两周(即跳起来后绳子先经过头顶，越过脚下，再经过头顶越过脚下后，双脚方可落地)，它包括正双摇和反双摇。

▼ 双摇双脚跳

 动作方法　见图 3-3-1

双手握住绳子的两端，拇指和食指握住绳柄，其他三指自然放在手柄上，两手掌心向下，放于髋的两侧，做好准备姿势后，用手腕带动绳子经后向前摇动，双脚迅速跳起，让绳子经过头顶和脚下围绕身体旋转。双脚跳起一次，手指带动手腕快速抖动两次，绳子先经过头顶，越过脚下，再经过头顶越过脚下后，双脚才能落地，注意要前脚掌落地。

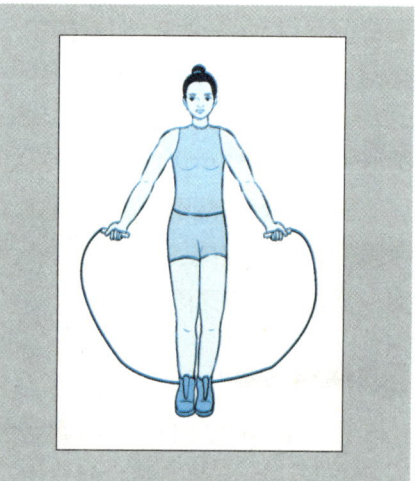

技术要点

双摇主要是靠手指和手腕的力量，在做双摇前最好先徒手做练习动作，有利于更好地掌握动作方法。

错误纠正

初学者认为跳得高就一定能跳双摇，这样的想法是错误的，主要是手上动作要快。经常有人会把双脚并得很紧，还有的人会跳起来之后就蹲下，这些都是绳子摇动的速度不够快所造成的。因此，上身应保持正直，不要收腹屈腿，双脚同时跳起，同时落地，两脚略分开，有利于平稳落地，多注意手指和手腕的协调用力。双摇的用绳要短一些，这样就能摇得更快，但是关键还是要看摇绳和跳跃动作的协调配合，徒手做熟练后再选择合适的绳子去跳，效果比较明显。

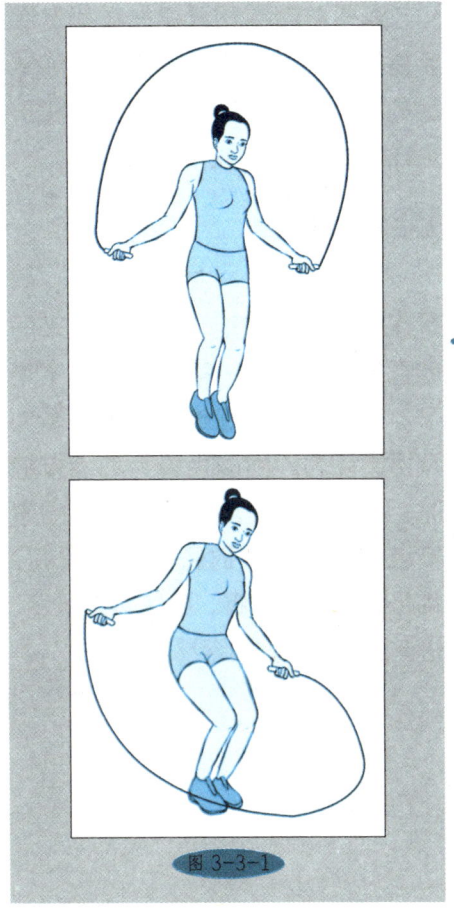

图 3-3-1

双摇单脚跳

动作方法　见图 3-3-2

双手握住绳子的两端，拇指和食指握住绳柄，其他三指自然放在手柄上，两手掌心向下，放于髋的两侧，做好准备姿势后，用手腕带动绳子经后向前摇动，双脚迅速跳起，让绳子经过头顶和脚下围绕身体旋转。跳起一次，手指带动手腕快速抖动两次，绳子先经过头顶，越过脚下，再经过头顶越过脚下后，单脚落地，另一只脚悬于空中。

技术要点

双摇单脚跳和双摇一样都是靠手指和手腕的力量,它主要锻炼单足的承受能力及协调能力,有利于更好地掌握双摇的各种技术动作。

错误纠正

一次性跳起一次单脚双摇,但是连接起来很困难,常常跳起来后就直接蹲在地上,第二个就起不来了。因此,应锻炼单足的承受能力及协调能力,所以当脚与地面接触时,尽量减少接触面积,让前脚掌接触地面,落下时膝关节略弯曲,跳起时手要带动脚,身体协调跳起,这样连接起来就很容易。

图 3-3-2

双摇交替脚跳

动作方法 见图 3-3-3

双手握住绳子的两端,拇指和食指握住绳柄,其他三指自然放在手柄上,两手掌心向下,放于髋的两侧,做好准备姿势后,用手腕带动绳子经后向前摇动,双脚迅速跳起,让绳子经过头顶和脚下围绕身体旋转。跳起一次,手指带动手腕快速抖动两次,绳子先经过头顶,越过脚下,再经过头顶越过脚下后,单脚落地,另一只脚悬于空中。再次跳起时,刚才着地的脚蹬地弹起悬空,而刚才悬空的脚落地,绳子通过身体摇两周。

技术要点

双摇交替脚跳主要和双摇一样都是靠手指和手腕的力量,主要锻炼两只脚的协调能力,它比单脚双摇跳持续时间久,能更好地提高腿部的承受能力。

错误纠正

大多数的人跳惯了双摇和单摇交替脚跳后,都不愿意双摇交替脚跳,有时候做起来总是不协调,摇得过快,与脚步交换的节奏不协调。

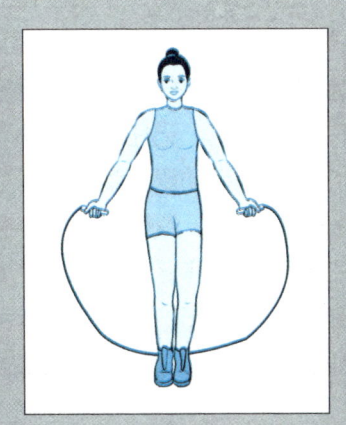

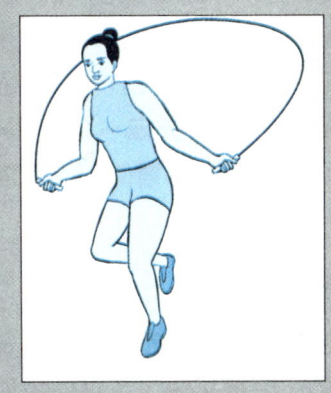

正双摇跳

因此，在单摇交替脚跳的基础上，跳起的高度略高一点，手腕摇绳的速度快一点，双摇就能够完成了。但脚步变化不要太快，随着手腕摇绳的节奏去变化。记住一点，必须要用手的摇动带动腿的跳动，练习双摇交替脚跳时，最好先进行单摇交替脚跳，当绳子摇起来后，增加摇绳的速度和跳起的高度，这样完成双摇交替脚跳，就比较容易成功。

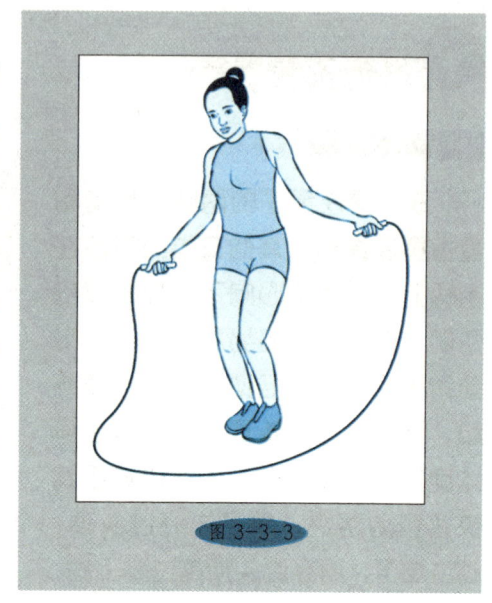

图 3-3-3

双摇快花

 动作方法 见图 3-3-4

双手握住绳子的两端，拇指和食指握住绳柄，其他三指自然放在手柄上，两手掌心向下，放于髋的两侧，做好准备姿势后，用手腕带动绳子经后向前摇动，双脚迅速跳起，让绳子经过头顶和脚下围绕身体旋转。在双脚落地前跳起一次，先做一个直摇，然后再做一个两手臂体前交叉编花动作。

技术要点

跳动和摇绳的节奏与双摇是一样的，只是加快了手指的抖动

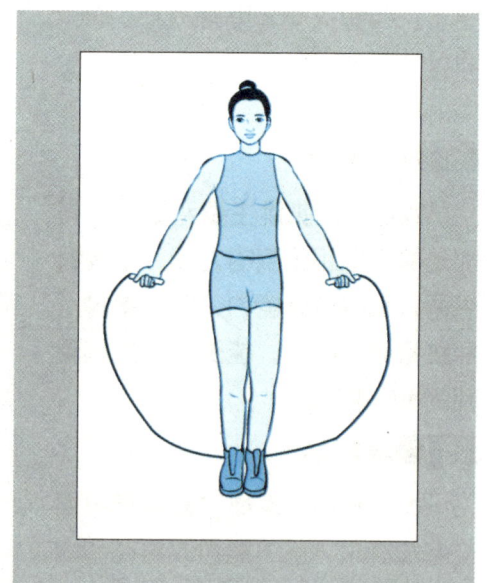

速度以及手腕的旋转速度。当感觉到绳子第一圈过脚底时，双手就要迅速在体前做交叉。交叉之后紧接着再重复做第一个动作，再次过脚底时马上再做交叉动作，然后反复进行。也就是身体跳起一次，绳子通过脚下两次，第一次手臂在正常位置摇绳，第二次手臂提前交叉摇绳。

错误纠正

初学者往往交叉比较晚，总是想等绳子过头顶再做两臂交叉。因此，手腕要灵活，带动绳子，绳子通过脚下时，两臂立刻带动绳子在体前交叉，跳起时略做滞空动作。脚落地的同时，手臂恢复到准备姿势，再度跳起时，和上次交叉动作相同。

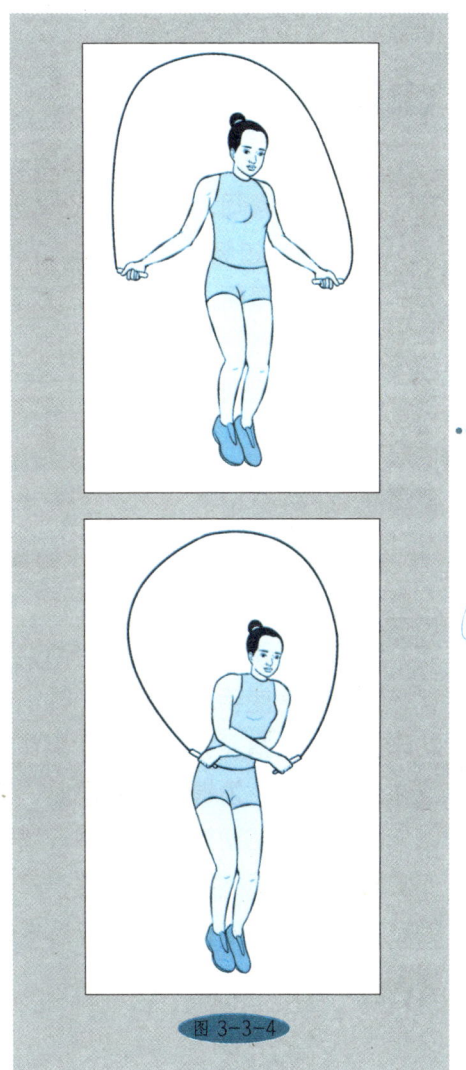

图 3-3-4

双摇扯花

动作方法　见图 3-3-5

双手握住绳子的两端，拇指和食指握住绳柄，其他三指自然放在手柄上，两手掌心向下，放于髋的两侧，做好准备姿势后，用手腕带动绳子经后向前摇动，双脚迅速跳起，让绳子经过头顶和脚下围绕身体旋转。跳起一次在双脚落地前，先做一个两手臂体前交叉编花动作，然后再做一个直摇。也就是身体跳起一次，绳子通过脚下两次，第一次手臂提前交叉摇绳，第二次手臂还原回到正常位置摇绳。

技术要点

跳动和摇绳的节奏与双摇是一样的，跳起的一瞬间，手臂迅速在体前交叉，感觉到绳过脚底时，两臂迅速分开，再做一圈直摇，当脚落地后双手位于髋的两侧。然后重复开始的动作。注意，当进行体前交叉时，身体应该处于上升的过程。

错误纠正

初学者往往前交叉动作比较晚，总是在做完直摇才做前交叉动作。因此，应注意起跳后，立刻进行两臂交叉，然后迅速使手臂恢复到起跳前的状态，同时手指发力，让绳子快速绕身体旋转一圈。为提高熟悉程度，可以先跳一个扯花动作之后再做双摇动作调整一下，调整好节奏之后，再去尝试下一个，这样有利于动作技术的提高。

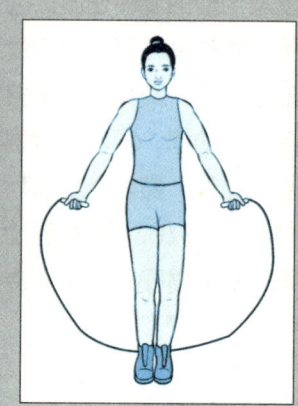

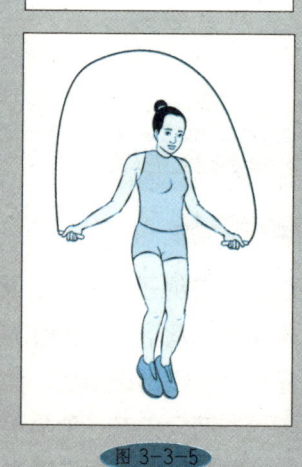

图 3-3-5

双摇凤花

动作方法　见图 3-3-6

双手握住绳子的两端，拇指和食指握住绳柄，其他三指自然放在手柄上，两手掌心向下，放于髋的两侧，做好准备姿势后，用手腕带动绳子经后向前摇动，双脚迅速跳起，让绳子经过头顶和脚下围绕身体旋转。跳起一次在双脚落地前，第一圈先做一个两手臂体前交叉动作，第二圈手臂交叉保持不变，然后接着跳起，手臂完成前交叉动作（跳起一次，做连续两个固定交叉的动作）。

技术要点

手臂交叉之后保持不变，利用手指带动手腕去摇动绳子，跳起的一瞬间，手臂迅速在体前交叉，手指加快转动速度，再做一圈。当脚落地后双手在体前保持交叉摇动。一直这样反复下去，就是连续凤花了。

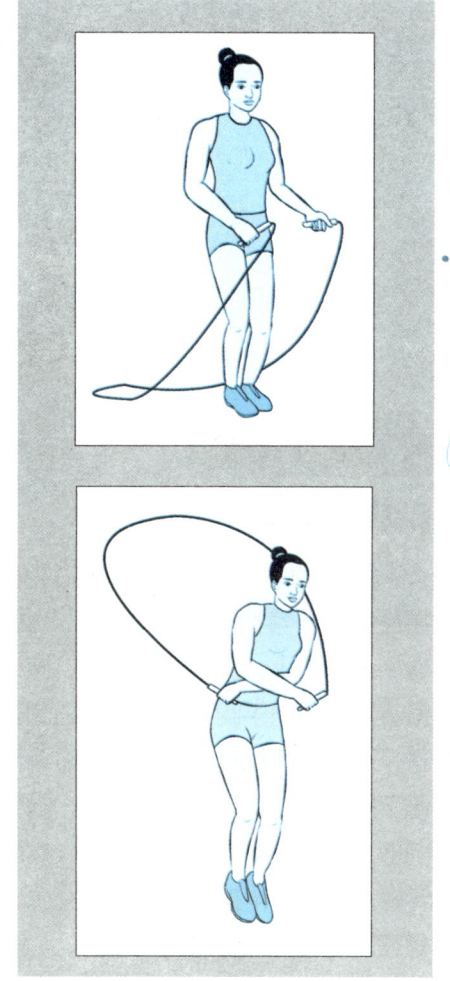

正双摇跳

错误纠正

完成第二个跳起的时候手臂的摇动速度比较慢，初学者摇绳总是慢半拍，另一方面脚落地太重，重心不稳。因此，应注意凤花讲究的是手腕协调用力，手指向外顺时针旋转，保证绳子正常通过身体，双脚同时起跳，前脚掌接触地面。重心始终保持在两腿之间，不能随意改变。

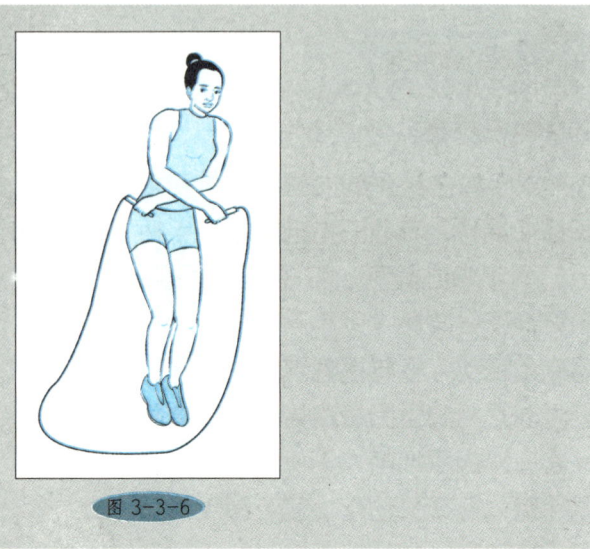

图 3-3-6

双摇龙花

 见图 3-3-7

双手握住绳子的两端,拇指和食指握住绳柄,其他三指自然放在手柄上,两手掌心向下,放于髋的两侧,做好准备姿势后,用手腕带动绳子经后向前摇动,双脚迅速跳起,让绳子经过头顶和脚下围绕身体旋转。跳起一次,脚落地前做一个两手臂交叉编花动作,然后两手臂上下换位再做一个两手臂交叉,算是完成一个完整的龙花动作。

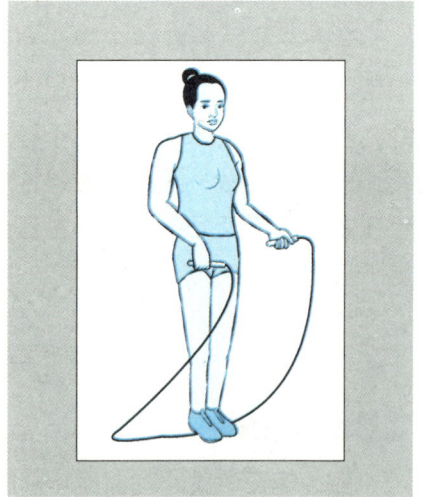

技术要点

龙花的技术要求比较高,当双脚跳起时,两手臂在体前交叉,当绳子过脚后两手臂迅速上下换位,同样做交叉的动作。

错误纠正

初学者跳起时第一个交叉没有问题，但是第二个上下换位总是手慢，换不过来，如果手臂换位慢可能被绳子抽到脸部。因此，在做之前必须充分活动开，当双脚跳起时，手臂迅速体前交叉，过脚下时，两臂迅速分开，同时再迅速在体前交叉，但要变化两手臂上下的位置。

图 3-3-7

双摇侧甩花

动作方法 见图 3-3-8

手握住绳子的两端，拇指和食指握住绳柄，其他三指自然放在手柄上，两手掌心向下，放于髋的两侧，做好准备姿势后，第一步双脚跳起；第二步右手手腕带动绳子经头顶在体前向左侧甩绳，同时左手手臂向左侧伸平，右手过体侧停留伸平的左手下边处；第三步左手经

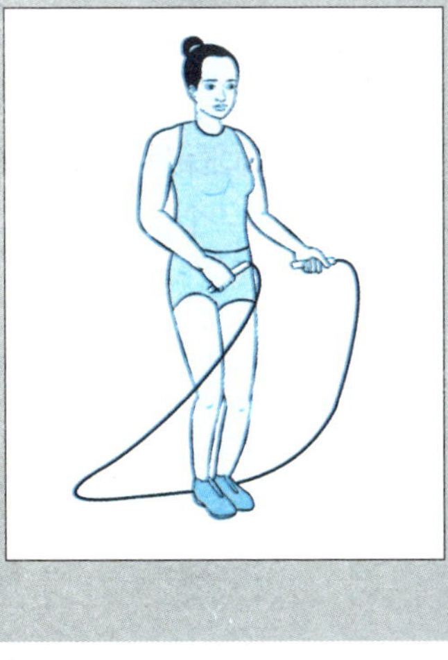

右手在体前交叉,同时让绳子直接越过脚下,双脚落地,之后再度跳起,让绳子在身体右侧继续甩动,右手伸平,左手交叉,甩动之后右手经左手在体前做交叉,以同样的方法连续跳。

技术要点

跳起后,先让绳子按照一定的轨迹甩动,之后快速回收绳子甩动方向的另一侧手臂,使双手在体前交叉做编花动作,之后双脚落地缓冲。

错误纠正

绳子未过头顶就甩动,交叉之后没有迅速收回来,绳子甩动速度慢,导致绳子运行轨迹不正确。因此,应在甩动时先跳起,保证绳子的运行速度,在身体下落过程中手指和手腕用力带动绳子做交叉,甩绳子方向的那个手臂不要动,另一个手臂迅速回收到体前做交叉,交叉之后快速收回保持基本姿势,方能更好完成下一个动作。

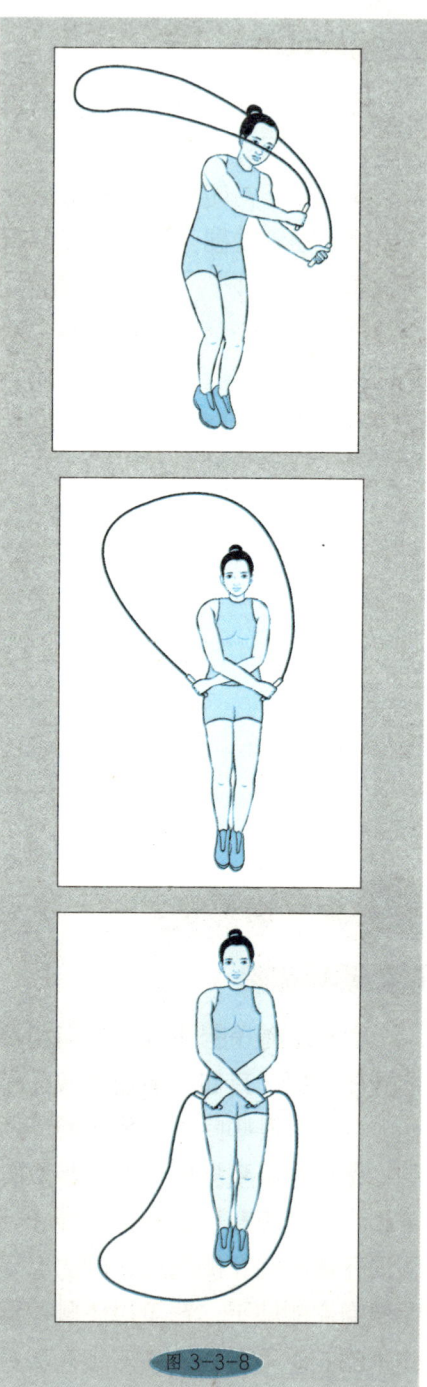

图 3-3-8

第四节

反双摇跳

反双摇又叫反双飞,是在掌握反单摇动作的基础上,增加难度和技术动作的一种跳法,每跳起一次,绳子过身体两周(即跳起来之前绳子在体前,跳起来后绳子先经过头顶,越过脚下,再经过头顶越过脚下后,双脚方可落地缓冲)。

反双摇双脚跳

 动作方法 见图 3-4-1

双手握住绳子的两端,拇指和食指握住绳柄,其他三指自然放在手柄上,两手掌心向下,放于髋的两侧,绳子在体前做好准备姿势后,用手腕带动绳子经前向后摇动,双脚迅速跳起,让绳子经过头顶和脚下,围绕身体向后旋转。双脚跳起一次,手指带动手腕快速抖动两次,绳子先经过头顶,越过脚下,再经过头顶越过脚下后,双脚才再度落地。

技术要点

注意前脚掌落地。反双摇同样是靠手指和手腕的力量,在做反双摇前最好也先徒手做练习动作,有利于更好地掌握技术要点。

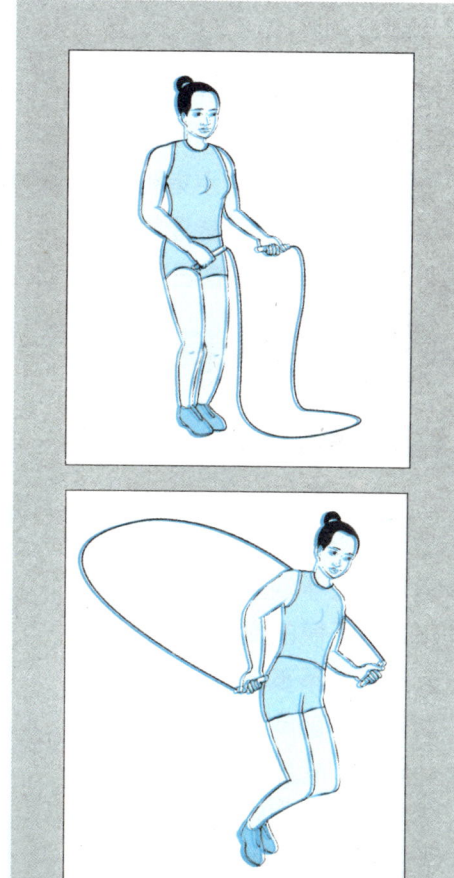

错误纠正

初学者认为跳得高就一定能跳反双摇，这样的想法是错误的，主要是手上动作要快。有的人经常会把双脚并得很紧，还有的人会跳起来之后就蹲下，这些都是绳子摇动的速度不够快造成的。因此，应注意反双摇和正双摇的不同在于，跳起后经常有向前提腿的现象。在基本掌握反双摇的技术要领之后，要求上身要略向后倾斜，不要收腹屈腿，要求双脚同时跳起，同时落地，两脚平行，有利于平稳落地，多注意手指和手腕的协调用力。反双摇的用绳要比反单摇短一些，这样就能摇得更快，但是关键要看摇绳和跳跃动作的协调配合，徒手做熟练后再选择合适的绳子去跳，效果比较明显。

图 3-4-1

反双摇单脚跳

 动作方法 见图 3-4-2

双手握住绳子的两端，拇指和食指握住绳柄，其他三指自然放在手柄上，两手掌心向下，放于髋的两侧，绳子在体前做好准备姿势后，用手腕带动绳子经前向后摇动，双脚迅速跳起，让绳子经过头顶和脚下围绕身体向后旋转。跳起一次，手指带动手腕快速抖动两次，绳子先经过头顶，越过脚

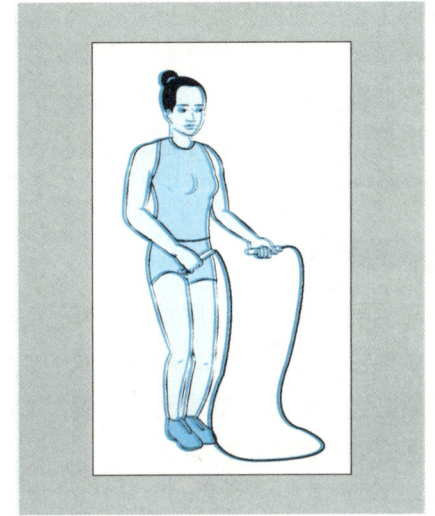

下，在经过头顶越过脚下后，单脚落地缓冲，另一只脚悬于空中。

技术要点

反双摇单脚跳主要和反双摇一样都是靠手指和手腕的力量，它主要锻炼单足的承受能力及协调能力，有利于更好地掌握反双摇的各种技术动作。

错误纠正

一般人都能够一次性跳起一次反双摇单脚跳，但是连接起来很困难，常常跳起来后就直接蹲在地上，第二个就起不来了。也有人跳起后，重心不稳定，总是收腹向前倾。因此，当脚与地面接触时，应尽量减少接触面积，让前脚掌接触地面，同时手带动脚去做，切记千万不能要脚来控制手，这样连接起来就很容易了。身体一定要想办法尽力向后的同时保持平衡。

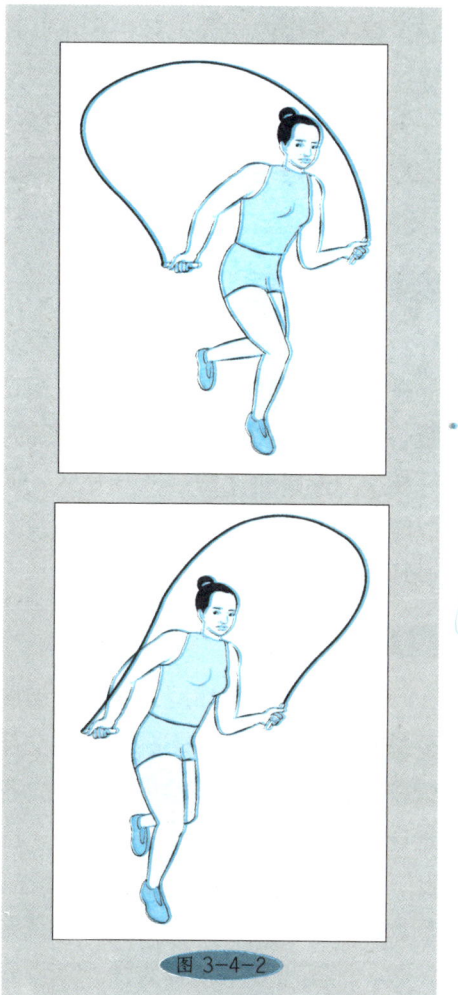

图 3-4-2

反双摇交替脚跳

动作方法　见图 3-4-3

双手握住绳子的两端，拇指和食指握住绳柄，其他三指自然放在手柄上，两手掌心向下，放于髋的两侧，让绳子在体前做好准备姿势后，用手腕带动绳子经前向后摇动，双脚迅速跳起，让绳子经过头顶和脚下围绕身体旋转。跳起一次，手指带动手腕快速抖动两次，绳子先经过头顶，越过脚下，在经过头顶越过脚下后，单脚落地，另一只脚悬于空中。再次跳起，落地的脚悬空，而悬空的脚落地，绳子再绕身体两周。

技术要点

反双摇交替脚跳主要动作和反双摇一样都是靠手指和手腕向后的力量，它主要锻炼两只脚的协调能力，它和反双摇跳相比持续时间更久，所以能更好地提高腿部的承受能力及协调能力。

错误纠正

大多数的人跳惯反双摇和反单摇交替脚跳后，都不愿意跳反双摇交替脚跳，有时候做起来总是不协调，不是摇得快，就是脚步交换不过来，因此，应在反单摇交替脚跳的基础上，加大难度，提高速度，和反双摇跳要一致，而脚步变化不要太快，随反双摇的节奏去变化。手上摇绳也是一样，必须要用手带动脚去配合，同时身体保持向后倾的状态，最好是当绳子有一个初速度的时候再进行反双摇交替脚跳，这样比较容易成功，减少失误率。

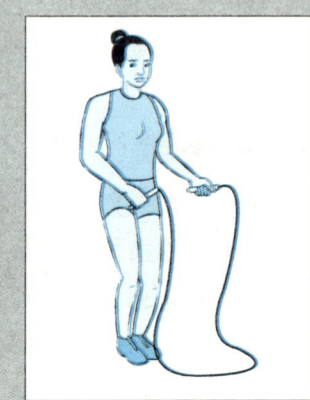

图 3-4-3

反双摇快花

动作方法 见图 3-4-4

双手握住绳子的两端，拇指和食指握住绳柄，其他三指自然放在手柄上，两手掌心向下，放于髋的两侧，绳子在体前做好准备姿势后，用手腕带动绳子经前向后摇动，双脚迅速跳起，让绳子经过头顶和脚下围绕身体旋转。在双脚落地前跳起一次，先做一个反直摇，然后再做一个两手臂胸前交叉向后摇动的编花动作。

技术要点

主要节奏要保持和反双摇一样，只是加快了手指的抖动速度以及手腕的旋转速度。当感觉到绳子第一圈过脚底时，双手就要迅速在胸前做交叉。交叉之后接着做反双摇的第一圈动作，再次过脚底时马上恢复到交叉动作，一直这样反复下去，就是连续反双摇快花。

错误纠正

初学者往往在交叉时比较晚，总是要思考绳子过第二次头顶再交叉，这种想法是错误的，在反双摇过程中，绳子的摇动速度很快，基

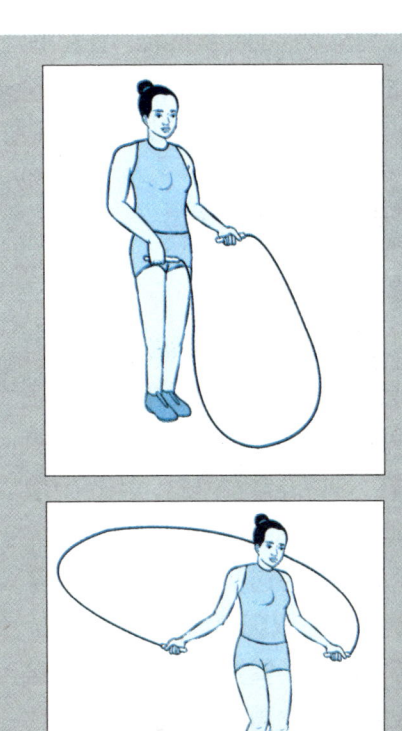

图 3-4-4

本上没有反应过来,就已经是摇动第二圈了。有的人手臂的交叉用力是向前的,而不是向后摇动。因此,应注意主要还是靠手指带动绳子,手臂做交叉,用反双摇的节奏跳起,跳起的同时,略向后倾,等待绳子过脚下,手臂马上带动绳子在胸前向后摇动做交叉。脚落地的同时,手臂恢复到准备姿态,再度跳起时,和上次胸前交叉动作相同。

反双摇扯花

动作方法 见图 3-4-5

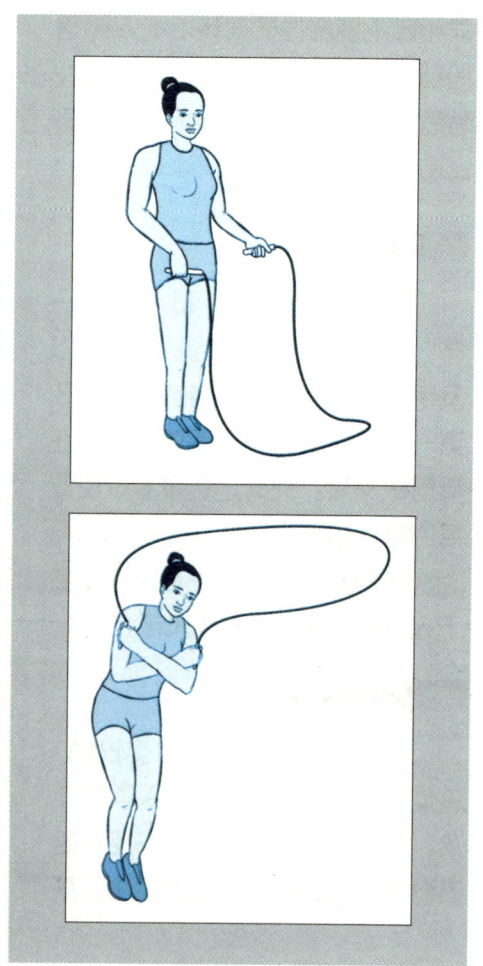

双手握住绳子的两端,拇指和食指握住绳柄,其他三指自然放在手柄上,两手掌心向下,放于髋的两侧,做好准备姿势后,用手腕带动绳子经前向后摇动,双脚迅速跳起,让绳子经过头顶和脚下围绕身体旋转。在双脚落地前跳起一次,先做一个两手臂胸前交叉向后做编花动作,然后再做一个反单摇。节奏和反双摇是一样的,只是加快了手指的抖动速度以及手腕的向后旋转速度。

技术要点

跳起的一瞬间,手臂迅速在胸前交叉向后摇动,感觉到绳过脚底时,手指加快转动速度,再做一圈反单摇。脚落地后双手位于髋的两侧。接着做胸前交叉,同样是过脚底后加快单摇。一直这样反复下去，就是连续反双摇扯花了。注意，当胸前向后交叉时，身体应该处于上升的过程。

错误纠正

初学者往往胸前交叉晚，做成了快花，做动作时总是有多余的错误想法，再跳起时，动作就变形了，绳子的摇动速度就会减慢，很容易失败。因此，应迅速跳起，胸前交叉之后，迅速使手臂恢复到起跳前的状态，同时手指发力，让绳子快速绕身体向后旋转一圈。一般跳一

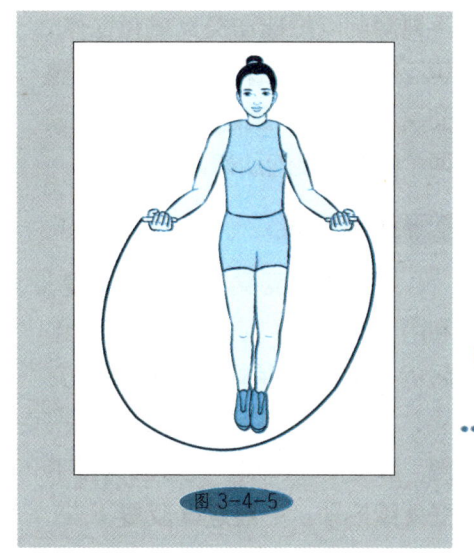

图 3-4-5

个很简单，连起来就很困难，主要是因为熟悉程度还不够，可以先跳一个反摇扯花之后做反双摇动作调整一下，调整好节奏之后，再去尝试下一个，这样有利于动作技术的提高。

反双摇凤花

动作方法 见图 3-4-6

双手握住绳子的两端，拇指和食指握住绳柄，其他三指自然放在手柄上，两手掌心向下，放于髋的两侧，绳子放于体前，做好准备姿势后，用手腕带动绳子经前向后摇动，双脚迅速跳起，让绳子经过头顶和脚下围绕身体旋转。在双脚落地前跳起一次，第一圈先做一个两

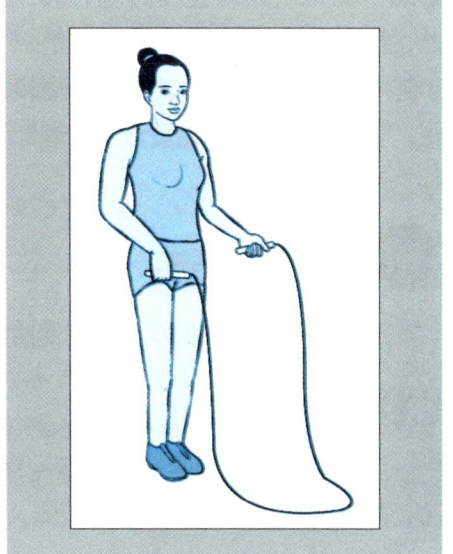

手臂胸前向后摇动交叉编花动作，第二圈手臂交叉保持不变，同样做交叉编花动作（跳起一次，做连续两个固定交叉的动作）。

❀ 技术要点

要求手臂交叉之后保持不变，利用手指带动手腕去摇动绳子，跳起的一瞬间，手臂迅速在胸前交叉，手指加快转动速度，再做一圈。脚落地后，双手在体前保持不变继续摇动。一直这样反复下去，就是连续反双摇凤花了。

❀ 错误纠正

跳起第一个很容易，跳起第二个的时候手臂跟不上节奏，初学者总是慢半拍，脚落地太重，重心不稳，有时候会向后倒。因此，应注意反双摇凤花讲究的是手腕协调用力，手指向内逆时针旋转，保证绳子正常通过身体，双脚同时起跳，前脚掌接触地面和反双摇接触地面的动作一样。重心始终保持在两腿之间，不能随意改变。

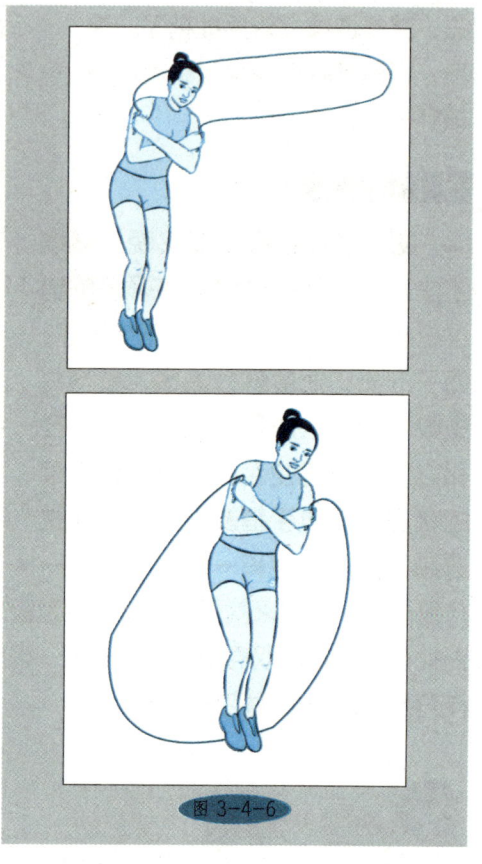

图 3-4-6

反双摇对凤花

这个同样是两个反双摇的花样动作的结合，所以叫反双摇对凤花。

❀ 动作方法   见图 3-4-7

双手握住绳子的两端，拇指和食指握住绳柄，其他三指自然放在手柄上，两手掌心向下，放于髋的两侧，绳子放于身体前方，做好准备姿势后，用手腕带动绳子经前向后摇动,双脚迅速跳起,让绳子经过头顶和脚下围绕身体旋转。第一个动作是在双脚落地前跳起一次,第一圈先做一个两手臂胸前向后交叉编花动作,第二圈手臂交叉保持不变,同样做交叉动作(跳起一次,做连续两个固定交叉的动作)。第二个动作是和上一个动作对应的,也就是说,原来交叉时左手在上,做第二个动作时就是右手在上,连续胸前交叉摇动两圈(跳起一次,做连续两个固定交叉的动作)。

技术要点

手臂交叉之后保持不变,利用手指带动手腕去摇动绳子,跳起的一瞬间,手臂迅速在胸前交叉,手指加快转动速度,再做一圈。脚落地后双手在胸前保持不变,再度跳起时,双手上下交换位子,上面的手向下拉回,同时下面的手向侧再向内移动,这样就能够保持双手对换位置了。位置换好后,再进行凤花跳,连续两个动作合在一起就是反双摇对凤花。

反双摇跳

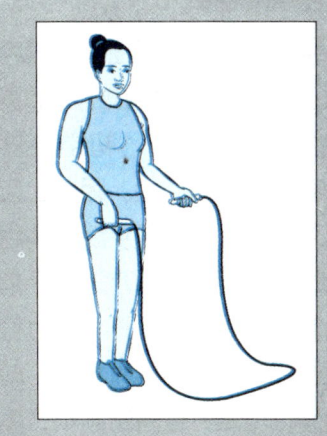

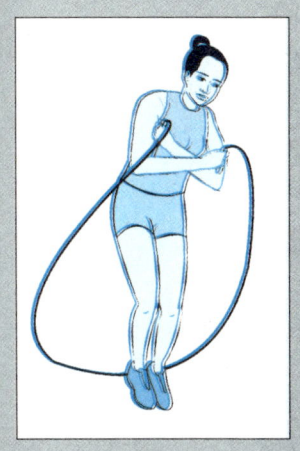

错误纠正

跳起第一个反双摇凤花很容易，跳起第二个的时候手臂跟不上节奏，有的时候很难转换过来，初学者总是慢半拍，甚至会打到脸上。因此，应注意反双摇对凤花讲究的是手腕协调用力以及反摇凤花之间转换的方法，手指向内逆时针旋转，保证绳子正常通过身体，双脚同时起跳，双脚同时落地，前脚掌接触地面，身体尽量向后倾斜，再度跳起的同时，双手和反龙花第二个动作转换过程是一样的。这个动作是最难的，不要怕失误，多做徒手练习，然后再带上绳子一起做，做几次习惯后，就能够完成整个动作了。

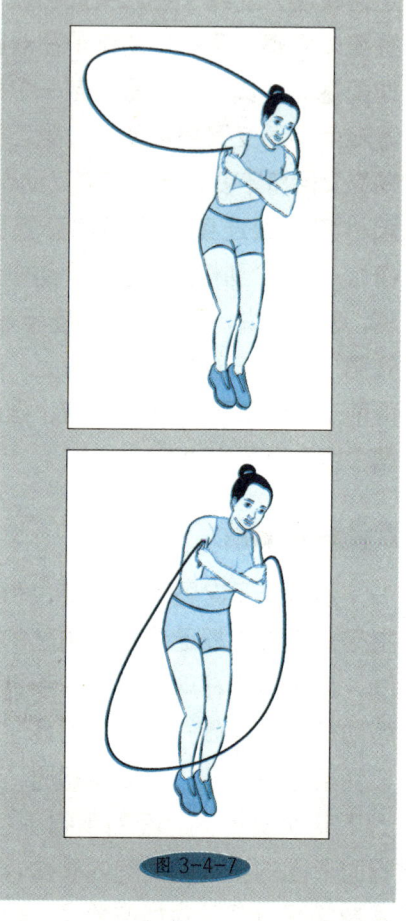

图 3-4-7

第五节 基本技术组合

所谓基本技术组合就是在掌握了单摇、双摇的一些基本跳法之后,为了增加趣味性而创编出来的一种让人便于接受的简单技术。

单摇的动作组合

所谓单摇和单摇的套路,就是指单摇的花样组合动作,这里只介绍简单的两种,有能力者可自行创作组合。

正摇双脚跳

 动作方法

单直摇和前交叉单摇,动作方法前面介绍过,如果连接起来,其实也很容易。先跳起一次,让绳子围绕身体旋转,当绳子绕过脚下时,双脚落地缓冲,迅速跳起的同时继续摇绳子,当绳子经过头顶上方时,双手体前交叉,让手臂尽量接触到身体,绳子在体前编花摇动,当绳子过脚下时,双脚再度落地缓冲,之后重新接着做单直摇,再连交叉单摇,以同样的方法连续跳下去。

技术要点

套路动作是练习大家对绳子的熟悉程度,同时增加趣味性,主要是保持节奏感和协调能力。手指发力,保持一定的跳动速度。

正摇单脚跳——正摇交替交叉单脚跳

 动作方法

双手握住绳子的两端,拇指和食指握住绳柄,其他三指自然放在手柄上，两手掌心向下，放于髋的两侧，做好准备姿势，这个和正摇单脚跳准备姿势是一样的，用手腕带动绳子经后向前摇动，绳子过头顶后，单腿迅速跳起，让绳子经过头顶和脚下围绕身体旋转。单脚落地缓冲后，再度跳起，同时双手体前交叉（左手在上），当绳子过脚下时，单脚再度落地缓冲，之后手腕经体前再度交叉（右手在上），绳经过脚再摇至头上方时，跳回正摇单脚跳，也就是说，这个组合是以同样的方法跳下去的三个连续的动作。

技术要点

主要是对绳子的控制能力，由单脚跳过渡到编花动作，手腕一定要快，在做交替交叉时保证稳定的成功率。

单摇和双摇的动作组合

所谓单摇和双摇的套路，就是指单摇的各种花样动作和双摇的各种花样动作连接组合，动作多种多样，这里只介绍简单的两种。

单直摇——双直摇

动作方法

先跳一个单直摇，跳起一次，让绳子围绕身体旋转，当绳子过脚下时，双脚落地缓冲，迅速跳起的同时手指快速抖动，让绳子连续绕身体两周。这个是最简单的双摇跳法，因为加了一个单摇，所以成为单摇和双摇的套路组合动作。

技术要点

这是一个简单的双摇练习方法，用单直摇带动绳子做运动，使绳子有一个初速度，同时快速摇动绳子，让绳子过身体两周，再用单摇做缓冲，继续跳起来做双摇。

正摇单脚跳——双摇单脚跳

动作方法

做好正摇单脚跳准备姿势，用手腕带动绳子经后向前摇动，绳子过头顶后，单腿迅速跳起，让绳子经过头顶和脚下围绕身体旋转。单脚落地缓冲，再次跳起的同时，手臂姿势保持不变，手指迅速抖动，让绳子连续绕身体两周，同时起跳脚再次落地缓冲。

技术要点

这是一个协调能力的练习，主要是培养单腿的支撑能力，手上基本没有什么难度，主要的是脚下的平衡感，要求前脚掌着地，过渡到后脚跟缓冲。

 # 双摇的动作组合

 ## 双直接——快花

动作方法

双手握住绳子的两端，拇指和食指握住绳柄，其他三指自然放在手柄上，两手掌心向下，放于髋的两侧，做好准备姿势后，用手腕带动绳子经后向前摇动，双脚迅速跳起，让绳子经过头顶和脚下围绕身体旋转。双脚跳起一次，手指带动手腕快速抖动两次，绳子先经过头顶，越过脚下，在经过头顶越过脚下后，双脚再度落地，注意前脚掌落地缓冲。再度跳起时，同样让绳子过身体两周，第一周直摇，当感觉到第二周开始时，双手体前交叉，尽量贴近身体，手指向下打花，绳子过脚下后，双脚落地缓冲，同时手臂迅速回收。

技术要点

这是一个快花的变换练习，同样可以看做是快花的初学阶段，先保证双摇的成功率，再练习慢双摇，之后跳起，当感觉到绳子过脚下时迅速在体前交叉，落地缓冲，之后继续做双摇。

快花—扯花

动作方法

这个是双摇套路的一个小组合,动作不算难,但是做起来有一定技术含量。先双脚跳起,第一圈手指带动手腕快速抖动一圈,当感觉到绳子第二次越过头顶时,双手体前交叉,手指向下做打花动作,绳子过脚下后,双脚落地缓冲。这样只能说完成了一半,当再度跳起时,手臂保持交叉状态,不要动,用手指发力,向外侧绕环,让绳子越过头顶,经过脚下后,手臂由交叉变回准备姿势的同时向后带,让绳子再度经过头顶和脚下,双脚落地,完成整个动作。

技术要点

双摇的套路组合是比较有难度的,要求变换手形,脚下的节奏不发生改变。先跳起,让绳子迅速经过头顶和脚下旋转一周,过脚下后,体前迅速交叉,落地缓冲,此时手上动作不变,再次跳起时,体前交叉的手在体前旋转一周后,收回到体侧做双摇的第二圈动作。

直摇—快花—扯花—凤花—龙花

动作方法

这是双摇的基本动作组合,也是较难的套路之一,这个连续动作要求有足够的功底。要先把第一和第二个动作做熟悉了。上面已经介绍了如何连接的方法,快花和扯花的连接上面也介绍了,重点是后面的三个动作。扯花的最后动作单直摇,可以保持呈准备姿势,用手腕带动绳子经后向前摇动,双脚迅速跳起,让绳子经过头顶在体前交叉,同时手腕发力向外旋转,过脚下围绕身体旋转。在双脚落地前跳起一次,第一圈先做一个两手臂体前交叉编花动作,第二圈手臂交叉保持不变,同样做交叉动作。要求手臂交叉之后保持不变,利用手指带动手腕去摇动绳子,跳起的一瞬间,手臂迅速在体前交叉,手指加快转动速度,双脚落地缓冲。凤花和龙花的连接是最难的,要求手上的变换多。在脚落地后双手仍是提前交叉的状态，再度跳起，双手继续保持体前交叉旋转第一圈，然后两手臂上下换位再做一个手臂交叉编花动作。两个动作都做完后双脚落地，完成整套动作。

技术要点

同样的道理先做好直摇和快花的连接，再做扯花的连接，这里就不再重复。扯花和凤花的连接也不是很难，体前交叉的手在体前旋转一周后，收回到体侧，再度跳起时，双手迅速回到体前继续做两圈固定交叉。凤花和龙花的结合是最难的，固定交叉后保持不变，双脚再度跳起，第一圈固定交叉的双手不变，继续旋转，第二圈交叉的双手上下交换位子，落地缓冲。

第六节 花式韵律跳法

跳绳有多种跳法,绳操、绳舞和花式韵律等一些跳法,很多动作绳是从身体两边甩过或向前向后甩,也是花式的一种,单摇、双摇以及三摇以上的动作都可以编排花式的套路组合。花式韵律跳绳花样繁多,趣味浓厚,运动量可以根据动作繁简和速度快慢来调节,是一项男女老少皆宜的运动项目。同时也是一种全身性运动,跳绳的同时,人体的外部器官和内部器官会同时得到锻炼。花式韵律跳绳对提高人体的灵敏性、速度、弹跳力及耐力等有良好的作用,尤其可以促进少年儿童的身体发育。因此,花式韵律跳绳将会成为未来最受欢迎的体育运动之一。

单摇套路编排

单摇这一跳绳最基本的动作,是作为各种技术动作开始前或完成后,或者动作与动作之间,套路与套路之间的过渡和休息。单摇一共分为24种动作,下面举例介绍一种8个8拍的单摇套路组合。

动作方法

跳绳之前保持正确的跳绳姿态。
(1)1×8:单脚交换跳起(单脚正摇交替跳);
(2)1×8:单脚交替前踢腿跳(即正摇前踢腿跳);
(3)1×8:单脚交替高抬腿跳(即正摇高抬腿跳);

(4)1×8：单脚交替编花跳（即正摇前交叉单摇跳）；

(5)1×8：单脚交换跳起（即单脚正摇交替跳），作为技术动作缓冲；

(6)1×8：单摇侧甩花跳（即正摇侧甩花跳）；

(7)1~8：重复单摇侧甩花跳，两遍动作组合做完整；

(8)1~7：单摇弓步跳（即正摇弓步跳），8还原成准备姿势。

技术要点

这只是一个简单的模式，有时候根据需要，还可以改变节拍。每4拍变化动作，或者每2拍变化动作，甚至可以每1拍变化动作。编排花式韵律跳绳时主要考虑连贯性，只要能够连贯起来，就可以随时变换动作。

双摇套路编排

双飞的每一个动作都可以连续不断地重复跳跃，尤其除直飞以外的其他动作，连续重复跳跃非常好看，很具观赏性，双飞动作可自由随意组合形成套路。两个动作为一组连续重复跳，就是一个简单的套路组合，如快花—直摇—扯花—凤花、快花—扯花—直摇—龙花，这个只能算简单的套路，而双摇套路的编排是可以用上这些的。下面介绍一种简单而具有很强的观赏性的套路。

动作方法

(1)1~2：直摇—快花

即正摇双脚跳，落地缓冲后，再度跳起，绳子过身体两圈，第一圈单直摇，第二圈体前交叉。3~4同1~2，5~6同1~2；7~8：快花—快花（两个重复的快花动作）。

第一个8拍即直摇—快花—直摇—快花—直摇—快花—快花—快花。

(2)1~2：直摇—扯花

即正摇双脚跳，落地缓冲后，再度跳起，绳子过身体两圈，第一圈体前交叉，第二圈单直摇。3~4同1~2；5~6同1~2；7~8：扯花—扯花（两

个重复的扯花动作)。

第二个 8 拍即直摇—扯花—直摇—扯花—直摇—扯花—扯花—扯花。

(3)1～2：直摇—凤花

即正摇双脚跳，落地缓冲后，再度跳起，绳子过身体两圈，第一圈体前交叉，第二圈保持体前交叉不变。3～4 同 1～2；5～6 同 1～2；7～8：凤花—凤花(两个重复的凤花动作)。

第三个 8 拍即直摇—凤花—直摇—凤花—直摇—凤花—凤花—凤花。

(4)1～2：直摇—龙花

即正摇双脚跳，落地缓冲后，再度跳起，绳子过身体两圈，第一圈体前交叉(左手在上，右手在下)，第二圈手臂回收，再度体前交叉(右手在上，左手在下)完成龙花动作后保持准备姿势。3～4 同 1～2；5～6 同 1～2；7～8：龙花—龙花(两个重复的龙花动作)。

第四个 8 拍即直摇—龙花—直摇—龙花—直摇—龙花—龙花—龙花。

技术要点

虽然只有短短的 4 个 8 拍，但是却包含了 32 个连贯的双摇动作。要想做起来也是很难的。尤其是做连续龙花动作更是需要跳绳者有足够的功底，组合动作跳起来非常好看，能充分和音乐的韵律结合起来，既锻炼了身体，又给人以美的享受。

单双摇结合套路编排

单双摇结合套路编排也可以说是一套简单的绳舞或者绳操。

动作方法

(1)1～8：单脚交换跳起

即单脚正摇交替跳。

一般情况下，都是以单摇作为起始动作，这样以便于对绳性的了解，同时也能够把状态调整到最好，由简单到复杂。

（2）1～8：单脚交替高抬腿跳

即正摇高抬腿跳。

这个动作主要是协调能力的练习，抬腿保持平衡的同时使绳子自由穿越身体，进一步更好地控制绳子的旋转力度。

（3）1～8：单摇交替高抬腿跳

即正摇高抬腿跳。

重复上一个8拍的动作，目的是加大练习的量，让身体充分活动开。

（4）1～8：单脚交替前踢腿跳

即正摇前踢腿跳。

这个动作的观赏性比较强，在大型的花样比赛中也是经常能够看到的。同时它也是最基本的脚步变换动作的方法。

（5）1～8：单脚交替编花跳

即正摇前交叉单摇单脚跳。

编花动作是一种最具有观赏性的跳法，协调能力在跳动过程中，起决定性作用。

（6）1～8：单摇侧甩花跳

即正摇侧甩花跳。

甩动起来和舞蹈相结合，给人以美的感觉，同时也为下面的动作做好了准备。

（7）1～8：双摇

即正摇双脚跳。

连续跳起4个双摇，这个动作是过渡的，为了连接下面的双摇编花动作。

（8）1～8：双摇—快花—凤花—扯花

即双摇的小套路。

同样是4个双摇动作，但是手上需要变化动作，给人以眼花缭乱的感觉。

（9）1～8：扯花—凤花—快花—双摇

做法同上。

按照上面的双摇小套路逆序做回来，配合整套动作的连贯性。

(10)1～8：双摇侧甩花跳

即双脚正摇侧甩花跳。

同样是4个动作，目的是配合前面的单脚侧甩花跳，它不仅是双摇的技术动作，同时也是整套动作中难度系数最大的动作，观赏性就不言而喻了。跳起时先甩动绳子，让绳子在体侧旋转，之后在体前交叉，落地缓冲后，再向另外一个方向甩动，过来之后提前再度交叉。

(11)1～8：单摇弓步跳

即正摇弓步跳。

难度动作做完后要有一个休息的过程，弓步跳的作用就相当于广播操中的整理运动。

(12)1～8：单脚交换跳起

即单脚正摇交替跳。

用最简单的动作作结尾，在整套动作后画上圆满的句号。

技术要点

注意跳绳动作的连贯性，并与音乐的韵律结合起来。

第七节

长绳

跳长绳（也称跳大绳）是一种相对安全的运动，很少有运动伤害发生，即使跳跃失败或停顿，也不会出现太大的危险，最多只是被绳子抽一下。跳长绳可分 10 人"8"字跳、10 人"8"字穿梭跳、交互绳跳。

10 人"8"字跳又叫跳长绳，也有人叫做跑"8"字。主要目的是为了提高集体主义观念，让大家存在于集体当中。一般 10 人"8"字跳最适用于比赛，来提高团队的合作能力。这样比赛在中小学较为常见。

动作方法 见图 3-7-1

除摇绳外的 10 人站在其中一位摇绳者的左手边 1 的位置处，摇绳开始，发令后 1 位置的第一个人迅速向前跑一步，在中间的方块处起跳，向 2 处跳起，要求脚不要踩到方块所代表的区域。一般采用上步单腿向前跳跃的方式，绳子落地的一瞬间跳绳者迅速向里面跑动、跳跃。不要看绳子跳，以免慌乱。要听声音跳，也就是听着绳子落地时发出的节奏向里面冲。摇一圈，过一人，不能有空当，速度要快些，配合一定要好，看见前面的人跑进去了就不要多想，直接随着节奏跟进去就可以了，多练习。摇绳者一定要选耐力好的，要不然很容易就没有力气了。

技术要点

进绳和出绳一定要快，保证绳起人进，绳落人出，跑动路线从 1 位置跑入，在方块处跳起，从 2 的位置跑出去，绕到 3 位置处准备下一次跑动。

错误纠正

(1)跳绳者跳失误。因此,应该快速跑出绳子,以免影响到后面的跳绳者的正常跳跃及跑动路线。

(2)失误较多。因此,可让协调控制能力强的人在排头或者排尾,这样能够更好地连接。

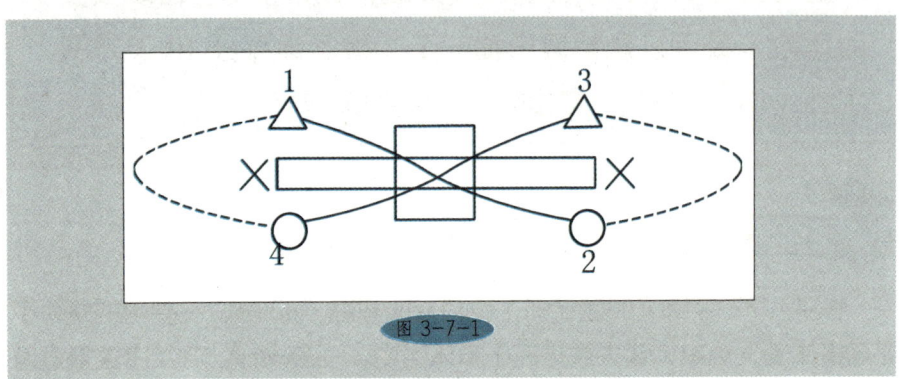

图 3-7-1

10人"8"字穿梭跳

10人"8"字穿梭跳和10人"8"字跳道理一样,要求的人数也是一样的,只是站位方式和进绳子顺序不同。在1的位置上站好5个人,在3的位置上也要同样站好对应的5个人。

动作方法 见图 3-7-2

除摇绳外的10人分站在1和3的位置处,摇绳开始,发令后1位置的第一个人迅速向前跑一步,在中间的方块处起跳,向2处跳起,要求脚不要踩到方块所代表的区域。一般采用上步单腿向前跳跃的方式,绳子落地的一瞬间跳绳者迅速向里面跑动、跳跃。3位置的人看到1位置的人跑进绳子中时开始起动,向绳子中心处跑动跳跃,不要看绳子跳,以免慌乱。应听声音跳,也就是听着绳子落地时发出的节奏向里面冲。1位置的人,不要看对面的人,只要观察前面的人,当前面的人跑进去时,同样也要起动,向前跳跃。这就要求摇绳子的人绳子速度一定要快,摇一圈,过一人,不能有空当，配合一定要好，1 和 3 位置的第二个人开始直至最后，都是一样。只要看见前面的人跑进去了，就不要多想，直接随着节奏跟进去就可以了，多练习。

技术要点

和"8"字不同，它的进绳是两侧同时开始的，1 位置先进入，当 1 位置的人到 2 位置的时候，3 位置已经开始向 4 位置处跑动了，基本要领很简单，绳起人进，绳落人出。

错误纠正

（1）跳绳者跳失误。因此，应该快速跑出绳子，以免影响到后面的跳绳者的正常跳跃及跑动路线。

（2）跳绳者不能空绳子，一旦空一个，对面的人没有办法控制，导致 2 个人同时进入绳子中心处相撞。因此，为了减少失误，多练习无绳子的跑位，使大家达到一种默契。

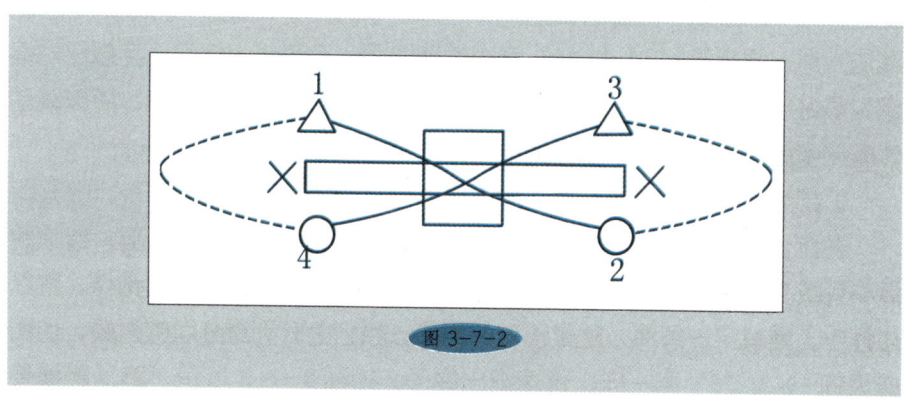

图 3-7-2

交互绳跳是长绳当中最具有观赏性的一种跳法，它指的是两个摇绳者相对而站，同时手中各拿两条绳子的一端。也就是说，一个人的左手拿一条绳子的一端，另一个人的右手也要拿这条绳子的另一端，同样的道理，两只手拿不同的绳子的一端。

动作方法 见图 3-7-3

1. 摇法

两个人同时先摇一条绳子，一个人的左手摇动的同时另一个人的右手摇，就像摇 10 人 "8" 字绳一样，不同的是，当绳子摇动到最高点处时，

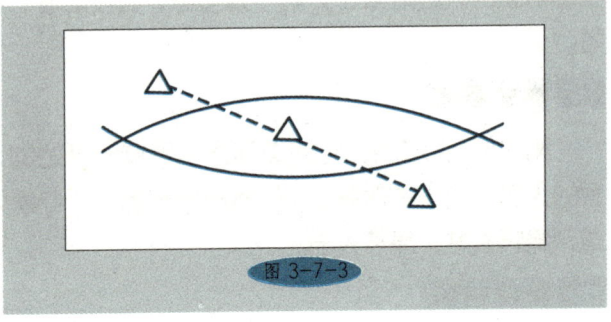

图 3-7-3

另一只手开始摇动，方法和上面一样，主要是双手协调用力，一条绳子在最高点时，另一条绳子应该在最低点。

2. 入绳

当两人把两条绳子都摇起来的时候，入绳者只需要看其中一条绳子，就是迎面过来的那条，把它看做是 10 人 "8" 字的绳子，按照 10 人 "8" 字的跳法入绳，原来跳完 10 人 "8" 字有停留时间，交互绳入绳后，不做任何停留，最好单脚跳跃，减少空中滞留时间，加快频率。因为是双绳，所以跳动速度要变成原来的两倍，这样就能更好地掌握绳子的运行轨迹了。

3. 出绳

在跳动过程中，绳子连续摇动，让身体在绳子中保持好平衡，继续跳跃，完成整个动作后，还不算成功，还要能够出绳才算完成整套动作。跳跃过程中，看其中一条绳，就是正对的那条，当它上升到最高点的时候，也和原来的 10 人 "8" 字一样，迅速跑出绳子。如图 3-7-3 所示，跑动路线要贴近摇绳者身体。

4. 绳中绳

绳中绳跳要比交互绳跳的观赏性更强，它指的是两个摇绳者相对而站，同时手中各拿两条绳子的一端。也就是说，一个人的左手拿一条绳子的一端，另一个人的右手也要拿这条绳子的另一端，同样的道理，两只手拿不同的绳子的一端。入绳者手持一条跳绳进入绳子中心，在配合摇绳的同时，在里面跳各种动作。

技术要点

入绳、出绳和交互绳一致，不同的是，持绳者带绳子进去后要保证跳的过程中把绳子放于身后，做出跳绳的准备姿势，节奏掌握好后，随着摇绳者的摇绳速度开始先跳单摇，也就是说，摇一圈绳子要跳一次单摇，两条绳子都要跳，就是两条绳子各摇一圈，跳绳者要跳动两次单摇。依此类推。注意跳双摇时，两条绳都越过身体后，跳动一次让小绳子越过身体两周。出绳时应该先把绳子收好，再做出绳子的动作。

错误纠正

（1）场地选择不适当。因此，不要选择灰尘多或有沙砾的场地及凹凸不平的水泥地，最好选择铺木板的室内体育馆或塑胶地面。跳长绳过程中，需要呼吸大量的新鲜空气，在有灰尘的地面上跳，势必会吸收大量的灰尘，对身体不好；在有沙砾的场地上跳，很容易滑倒受伤，它和单人跳不一样，它需要很大的跑动空间；凹凸不平的水泥地，跑动下落过程中对脚踝的冲击很大，同时也会造成脚踝的扭伤。而在室内体育馆或塑胶地面上进行活动，就会大大减少受伤的可能性。

（2）运动服装及鞋子选择和穿戴不合适。因此，跳长绳时，应选择合身的、最好不要有帽子的运动服装，运动鞋应选择符合自身尺寸大小甚至要略大一点（切记不能小，这样跳起下落后会对脚尖有很大的冲击），具有一定弹性及良好的通气性能，穿着舒适的鞋子，鞋跟不宜过高，穿软底布鞋或弹性较好的运动鞋，这样活动起来会使运动者感到轻松舒适。

长绳

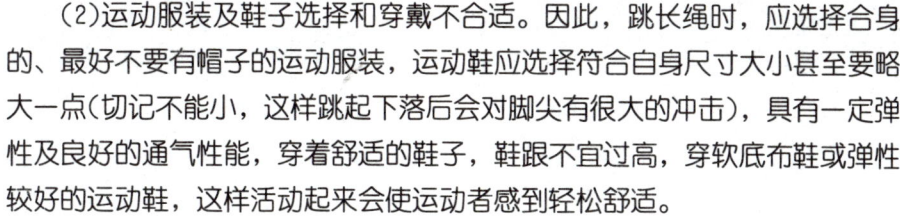

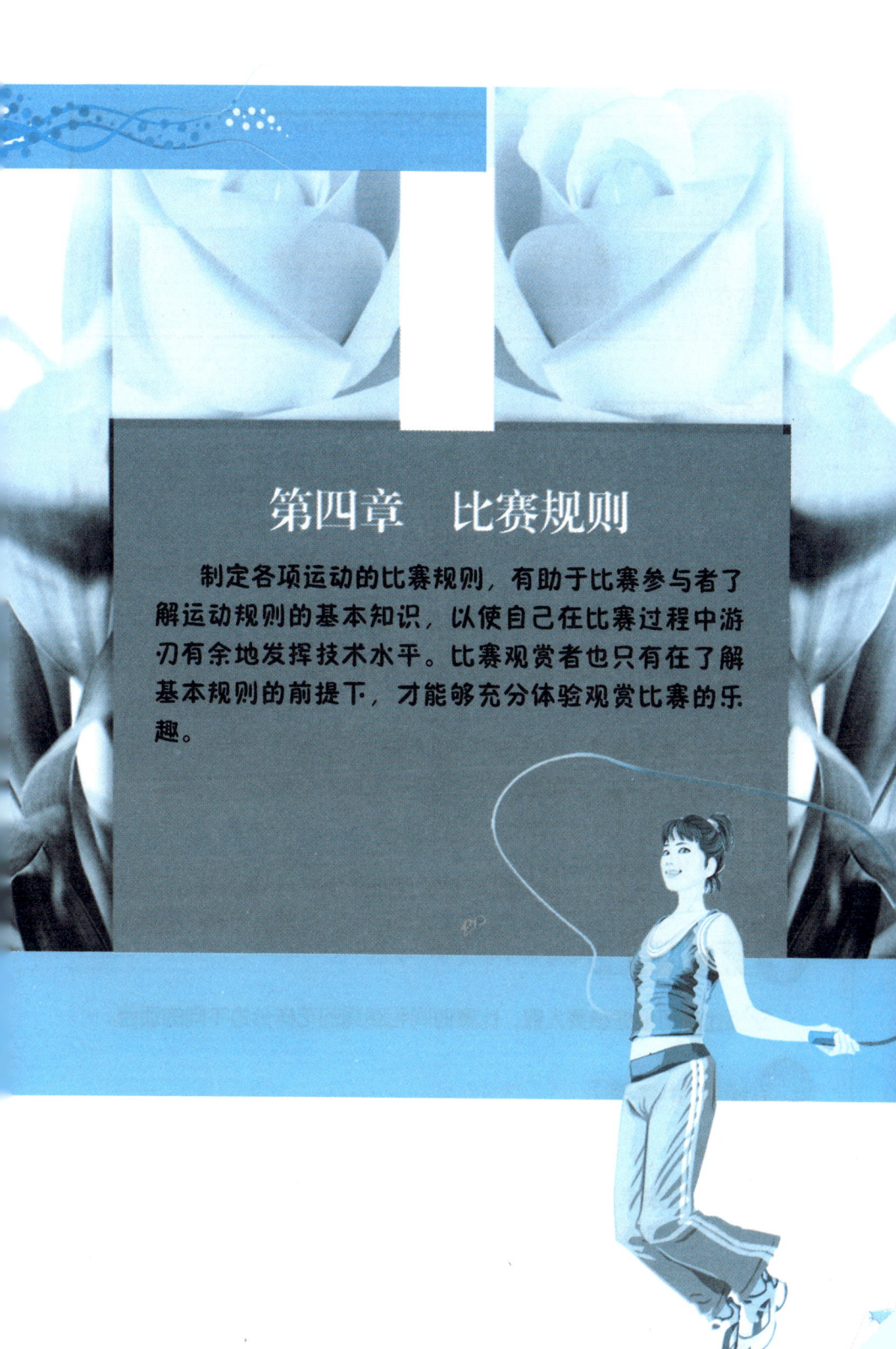

第四章 比赛规则

制定各项运动的比赛规则,有助于比赛参与者了解运动规则的基本知识,以使自己在比赛过程中游刃有余地发挥技术水平。比赛观赏者也只有在了解基本规则的前提下,才能够充分体验观赏比赛的乐趣。

第一节 比赛方法

参赛选手要按照一定的方法进行比赛，并须遵循一定的规则，以使比赛有序进行。

根据性别和年龄进行分组，能更好地体现参赛选手的水平。

按性别分为男子组、女子组和男女混合组。

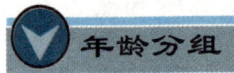

按年龄分为儿童组、青少年组和成人组。
(1)儿童组：不满12周岁；
(2)青少年组：12～17周岁；
(3)成人组：18周岁(含)以上。

跳绳比赛可根据参赛人数、比赛时间和跳绳的花样分为不同的项目。

❀ 个人赛

(1)30秒速度单摇跳；
(2)30秒间隔交叉单摇跳；
(3)30秒速度双摇跳；

(4)3分钟速度耐力单摇跳;
(5)连续三摇跳。

团体赛

(1)30秒混双单摇跳;
(2)4×30秒单摇跳(接力);
(3)4×30秒双摇跳(接力);
(4)4×45秒双绳交互摇速度单摇跳(接力);
(5)10~12人长绳"8"字跳(3分钟)。

花样赛

个人赛

花样跳绳(45~75秒)。

团体赛

(1)2人花样跳绳(45~75秒,每人一绳);
(2)4人花样跳绳(45~75秒,每人一绳);
(3)双绳交互摇三人跳绳(45~75秒);
(4)双绳交互摇四人跳绳(45~75秒)。

比赛方法

比赛开始与结束均以口令或鸣哨为信号。计时员发出"准备"指令后,所有参赛选手就位;发出指令"预备"后,所有参赛选手做好跳绳准备,单绳项目的选手双手持绳于身后,双绳、长绳"8"字跳项目的选手持绳站好。

计时计数赛

单摇跳

选手跳起一次,双手摇绳,绳跃过头顶通过脚下绕身体一周(360度),

称作单摇跳，记次数1次，在规定时间内累积计数。

双摇跳

选手跳起一次，双手摇绳，绳跃过头顶通过脚下绕过身体两周（720度）称作双摇跳，记次数1次，在规定时间内累积计数。

三摇跳

选手跳起一次，双手摇绳，绳跃过头顶通过脚下绕过身体三周（1080度），称作三摇跳，记次数1次，在规定时间内累积计数。

间隔交叉单摇跳

选手单摇跳起一次，双手体前交叉摇绳，绳跃过头顶通过脚下绕身体一周（360度），再跳起一次，依次一摇一变化交叉跳称作间隔交叉单摇跳，记次数1次，在规定时间内累积计数。

混双单摇跳

男女选手各一，共两名（1名选手持绳并摇绳），同时跳起1次，绳越过两人头顶通过脚下绕身体一周（360度），计次数1次，在规定时间内累积计数。

接力赛

4×30秒单摇跳、4×30秒双摇跳、4×45秒双绳交互摇速度单摇跳，须以30秒或45秒口令为信号进行接力跳。

长绳"8"字跳

2名选手（男女不限）持绳站好，间距不小于3.6米。在口令或鸣哨后将绳同方向360度摇起，选手无论采用何种方式须依次以"8"字路线跑入绳中跳跃，长绳过双脚一次，再跑出长绳，则计次数1次，在规定时间内累积计数。

花样

花样跳绳必须遵守跳绳运动的基本规律进行动作与套路的编排。

花样赛

1人、2人或4人自行编排动作及套路,在规定时间内进行跳绳比赛。

双绳交互摇三人跳和双绳交互摇四人跳

在45~75秒内,3人或4人按自行所编动作及套路轮流进行跳绳比赛。

在裁判长的监督下,由编排记录组抽签决定比赛顺序。如有预赛、决赛的比赛,其决赛的顺序应按照预赛成绩由低到高确定。若预赛名次相同,则由编排记录组抽签决定。

选手须在赛前40分钟到达指定地点报到,参加第一次检录,并检查服装和器械。赛前20分钟进行第二次检录,赛前10分钟进行第三次检录。

选手在听到点名时和完成比赛后,应向裁判长行礼。

(1)超过检录时间5分钟未到场按弃权论;
(2)超过比赛时间3分钟不能上场比赛,按弃权处理;
(3)比赛中选手因受伤治疗仍不能继续比赛,则判受伤选手弃权。

第二节 裁判方法

在比赛过程中,裁判人员通过履行其职责,进行正确的裁判工作,来保证比赛的公平、公正。

裁判人员

跳绳比赛裁判人员的组成为:

(1)比赛设总裁判长1人,副总裁判长1~2人;

(2)裁判组设裁判长1人,副裁判长1~2人,裁判员不少于8人;

(3)计时计数比赛每个场地由3名计数裁判员担任裁判工作,其中1人为主裁判员,花样比赛由8名裁判员担任裁判工作,其中3人为难度评分裁判员,5人为评分裁判员;

(4)比赛设编排记录长1名,检录长1名;

(5)比赛的辅助裁判员还有记录员1~2人、计时员1人、检录员2~3人、宣告员1~2人。

评分方法

跳绳比赛中不同的比赛项目有不同的评分方法。

计时计数赛评分方法

应得数

在计时计数比赛中,每场比赛须3名裁判员计数,应得数的确定方法为:

(1)若2名裁判员计数相同而第3名不同时,应以这两名裁判员所计数为准;

(2)若3名裁判员所计数各不相同，则以较高的两个计数的平均值为应得数。

最后有效次数

应得数减去裁判长判罚的犯规应扣次数，为选手的最后有效次数。

名次确定

计时计数比赛中，比赛成绩按最后有效次数确定，次数多者名次列前；如次数相等，以失误少者名次列前；如仍相等，并涉及第一名，则令次数相等的选手加赛一场；若再相等，则在裁判长的监督下，由双方选手或领队抽签决定名次。

花样赛评分方法

应得分数

在花样比赛中，比赛须8名裁判员评分，应得分的确定方法为：
(1)A组5名裁判员的评分，除去最高分和最低分，取平均值为综合分；
(2)B组3名套路难度裁判员评分的平均值为套路难度分；
(3)综合分与套路难度分之和为选手的应得分数。

最后有效分数

应得分减去裁判长判罚的犯规应扣分，为选手的最后有效分数。

名次确定

在花样比赛中，比赛成绩按最后有效分数确定，分数高者名次列前；如分数相等，以套路难度分数高者名次列前；如仍相等，以失误次数少者名次列前；若再相等，并涉及第一名，则在裁判长的监督下，由双方选手或领队抽签决定名次。

花样跳评分标准

满分为10分，包括：
(1)完成质量4分；

(2)组织编排2分；
(3)套路创新0.5分；
(4)音乐、礼仪0.5分；
(5)套路难度3分。

犯规及罚则

根据不同的犯规情况，会有相应的罚分规则，犯规严重者还可能取消比赛资格。

取消比赛资格

在"开始"口令未下达前出现摇绳或抢跳，裁判员须重新开始比赛，并提出警告，对于两次抢跳的选手取消其本场比赛资格。

踩线或出界犯规

(1)在单摇、双摇速度赛中，如选手踩线或出界，裁判员须暂停比赛，让其回到原位后继续比赛，计数从选手回到原位后继续开始比赛算起；
(2)三摇跳选手失误、踩线、出界或出现其他犯规行为，比赛即告结束；
(3)在花样赛中，每出现一次踩线或出界犯规，由裁判长扣除0.2分。

转换犯规

转换犯规是指在接力赛中"转换"口令未下达之前选手开始转换：
(1)如出现转换犯规，比赛继续，记犯规1次；
(2)转换犯规1次将从成绩中扣除次数5次。

时间犯规

(1)花样跳绳比赛时间不足 45 秒或超过 75 秒，视为犯规，判扣 0.2 分；

(2)在三摇跳中，选手在听到开始比赛信号后 10 秒之内未能开始三摇跳，将从计数中扣除 5 次三摇跳。

 判罚的执行

判罚犯规由裁判长执行。计时计数赛中，犯规 1 次，扣除次数 5 次；花样赛中，犯规 1 次，扣除 0.2 分。